刻意
Peak: Secrets from
the New Science of Expertise
練習

原創者全面解析，
比天賦更關鍵的學習法

刻意練習之父 **安德斯・艾瑞克森、羅伯特・普爾** 著
陳繪茹 譯

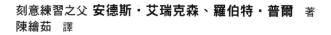

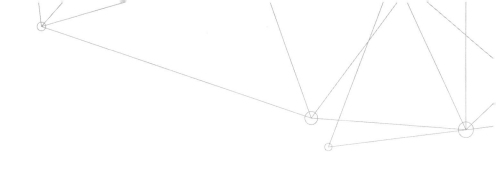

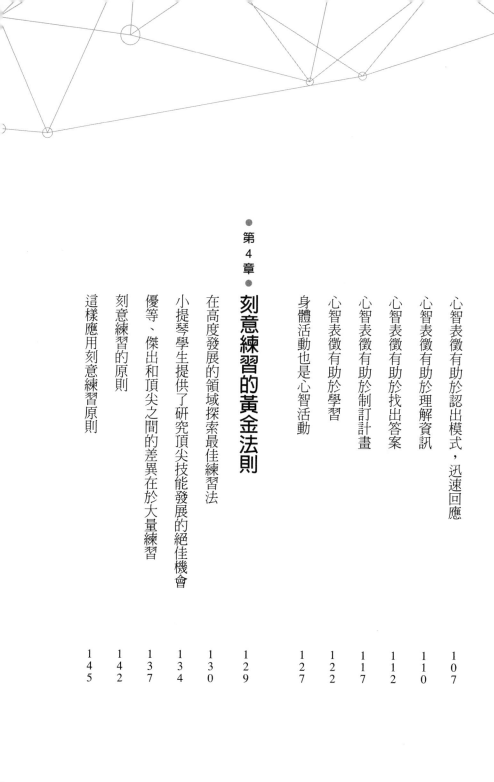

第4章

刻意練習的黃金法則 129

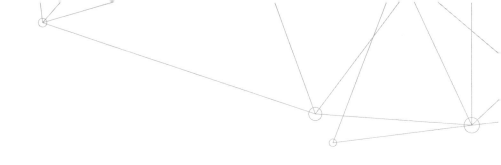

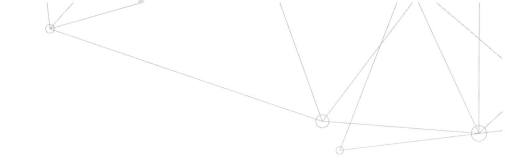

〈推薦序〉

天才，是練出來！

甯自衡

我是本書作者安德斯．艾瑞克森教授忠實的追隨者。早在上個世紀九〇年代，我在從事運動技能學習研究時，發現了艾瑞克森等人一九九三年發表在知名的《心理學評論》中的一篇論文〈刻意練習在專家表現習得中的作用〉，便對文章提出的「刻意練習」概念產生濃厚的興趣和共鳴。

若干年後的二〇〇四年春天，我收到了當時擔任國際運動心理學會主席的運動心理學知名學者，佛羅里達州立大學教育學院的特內寶教授的邀請，到該校教育學院進行兩週的學術交流和訪問。在訪問期間，特內寶教授特地向我介紹了同在教育學院任教的同事，「刻意練習」的倡導者、美籍瑞典人艾瑞克森教授。在交流和訪問中，我有幸多次當面向艾瑞克森教授請教了刻意練習的一些問題，並得到他親自的答疑和教誨。此經歷成為我之後決意進行刻意練習與高爾夫專長發展研究的起點。每當回想此事，總是心存感激！

自艾瑞克森首次提出刻意練習以來，他本人與研究團隊對這一概念進行了卓越成效的持續研究，現在他們的研究成果家喻戶曉。特別是艾瑞克森一九九三年的成名作〈刻意練習在專家表現習得中的作用〉，已經成為專長理論研究的奠基性巨作，直到二〇一七年四月十八日為止，該論文已經被引用了七千一百四十九次！這在心理學界實屬罕見，意味著艾瑞克森的刻意練習理論具有巨大的社會影響力，並由此逐漸形成了「專長發展學」這門新學科。

艾瑞克森的刻意練習理論，在二〇〇八年被加拿大作家麥爾坎．葛拉威爾在紅極一時的成功祕笈《異類》一書中引用，走進了千家萬戶。接著，美國作家傑夫．柯文同年以刻意練習理論，出版了《我比別人更認真》。這兩本暢銷書將刻意練習通俗化，一時間，刻意練習成為世人皆知的話題。但葛拉威爾在《異類》中以「一萬小時法則」過分簡化及延伸艾瑞克森等人一九九三年的研究，也讓人們對刻意練習的理解產生一些迷思。

為了讓大家對刻意練習有更清晰的理解和認識，艾瑞克森終於在二〇一六年和美國科學作家羅伯特．普爾聯手出版本書：《刻意練習》。這是第一本由艾瑞克森教授本人親自撰寫、關於刻意練習的專著。這本書總結了艾瑞克森團隊三十多年來的學術成果，匯集了他畢生對專長理論的研究精髓。在書中，他以豐富的事例逐一向世人娓娓道來刻意練習的理論。

在本書中，艾瑞克森首先挑戰「天才是天生」的觀點！長久以來，教育界就存在一個歷經數百年的爭論，也就是「先天或後天」的爭辯。艾瑞克森以天賦發展觀為指導所進行的研究，證明了曾經被歸因於天賦的才能，現在可以被恰當地解釋為多年的領域經驗和刻意練習的結果。他認為，人的身體和大腦擁有無窮的可塑性，即使資質平庸，透過刻意練習，也可以在某些領域追求卓越，甚至突破極限。

艾瑞克森在書中指出，透過有目標的訓練和練習重新塑造大腦和身體，是專長發展的關鍵所在，也就是後天的刻意練習對專長發展發揮了關鍵作用。近年來，艾瑞克森和其他學者一起專注研究幫助人類在音樂和運動領域取得卓越成就的「刻意練習」的重要性。他認為，刻意練習最好從孩童開始，這樣因應環境的變換，人們可以不斷完善相關技能，並獲得重新形塑自己的能力。

本書從「有目標的練習」著手，深入淺出，道出如何將有目標的練習提升至刻意練習的途徑。專長發展不僅需要掌握一系列複雜的特殊技能，更要以切實可行的方法達到設定的目標，而且還需要個人心理和身體訓練的完美結合，才能取得卓越的成就。

本書特別之處，是艾瑞克森在書中專闢一章，第一次系統性地詳述「心智表徵」這個概念。他將心智表徵提升到刻意練習核心的全新高度，讓讀者對刻意練習理論有了更深入的理解。他認為刻意練習的過程實際上就是構建更好心智表徵的過程，因此構建心智表徵就成了本書最重要的基石。

今日大家都知道，個人能力的主要差異既不是來自遺傳，也不是來自大腦的先天構造。但在上個世紀，我們卻還認為天才來自遺傳，學習和訓練只不過是去實現人們的遺傳潛能而已。在本書中，艾瑞克森舉出視障人士的視覺中樞功能可以隨著視障人士用手的觸覺學習盲文的過程，被重新激發和形塑，以及莫札特的父親如何透過密集的訓練培養出被稱為「音樂神童」的莫札特為例，力證天才的成功需要強大的刻意訓練，而不是簡單的訊息積累。

艾瑞克森及其團隊三十多年的刻意練習研究告訴我們，先天條件如智力、體型、早期訓練或先天的運動能力，只能提供短暫的起跑優勢，卻無法造就偉大的成就。他在探討天賦的作用時，做過這樣一個有趣的類比：探討某種天賦是否限制了正常人獲得專長，類似詢問健康的人能否登上高山的頂峰。許多人沒有登上高山，並不表示某種天賦限制了他們登頂，而可能是因為他們考慮到登山的危險拒絕爬山，或缺乏身體鍛鍊而無法做好登山的體能準備，或不願投入時間和金錢去參加登山培訓或購買登山設備。同樣地，很多人沒有獲得某領域的專長，並不代表他們缺乏獲得專長的天賦，而是因為缺乏動機、訓練和資源。

艾瑞克森認為，當心智正常且身體健康的個人具備必要的動機、獲得充足的資源支持，同時又避免訓練中的疲勞和受傷，則歷經長期的刻意練習就可以獲得某領域的專長，而天賦在該專長發展歷程中發揮的作用有限。人類成功殿堂裡的每一位能者，都必定經歷了刻意練習的洗禮，沒有例外。成功須苦幹，天才不是天生的，天才，是練出來的！

（本文作者為澳門理工學院教授、葡萄牙科英布拉大學運動科學博士、美國北愛荷華大學博士後）

〈推薦序〉

刻意練習，躍上顛峰！

陳藍谷

閱讀此書後，深深被作者艾瑞克森的宏願吸引：「再想像一下，（應用刻意練習）這些領域中有百分之五十的人能將技能琢磨到今日前百分之五的人才有的水準，這對醫療、教育和科技會有多了不起的影響。」本書作者艾瑞克森為國際知名的「傑出表現」專家，特別專注於探討頂尖專業人才成功的要件，並歸納出練習理論。在他早期的研究中，其針對大量練習的科學數據理論經常被科學界引用，本書的中心理論「刻意練習」，乃是依據各領域頂尖人士的訓練方式，來探討與描述「刻意練習」的基本樣貌。

艾瑞克森亦曾針對歐洲著名的柏林藝術大學小提琴學生進行採樣研究，將不同程度的學生分為優等、傑出、頂尖等三組，進行抽樣問卷調查。這項研究發現，學生們的個別練習時間，是決定未來成就的重要準則。在十八歲前，優等組學生單獨練習的時間約為三千四百二十小時，傑出組學生練習時數為五千三百零一小時，而頂尖組學生練習的時間高達七千四百一十小時，大約是優等組學生的兩倍。同樣的研究方式用在芭雷舞者身上，二十歲以前一萬小時以上的訓練時數，僅為專業舞團群舞者其中之一員的練習時數，這與頂尖的小提琴訓練結果一致。若盼望成為國際芭雷舞巨星或世界級小提琴家，數萬小時的練習時數是必要的。

艾瑞克森於書中亦指出，僅依靠大量時數的練習是不夠的，所謂「一萬小時法則」並非顛撲不破的真理。他以科學研究實例來佐證其培育世界級專業人才必須要以「刻意練習」的方式來進行訓練之理論，並指出「刻意練習」是以發展高度的「心智表徵」為目的。他指出，心智表徵乃是依據各自不同的特定領域，分別發展出一套可以涵括整體技術的優異架構，並於訓練過程中沿用此架構進行比對與偵測錯誤，而成為改進的指標。他並認為能力的優劣，全取決於學習者是否能夠運用豐富優異的心智表徵為基準。

享譽國際的音樂教學法「鈴木才能教育」的理念，與作者於本書中提出的幾項重要論述非常契合。鈴木才能教育法的中心思想為「早期開始」「反覆練習」「小步驟學習」「經由優異教師的引導」，以及「提供適切的環境」，並相信每個孩子都能學習，進而成就美好人生。本書作者艾瑞克森倡導的刻意練習，經過研究後證實早期音樂教育能夠增加孩子腦中的白質，進而發展智力。而由優異教師從旁適切引導，協助獲取精確的心智表徵，配合大量練習與複習，細緻而有規畫的練習步驟，均為最優質的訓練法則。

我非常推薦閱讀此書，這對各領域的教師、學習者與家長，或是想提升自身專業能力的社會人士皆有極大助益。正如作者艾瑞克森提及對於撰寫此書的期許，希望透過他的理念，能夠讓社會上百分之五十的人都躍上顛峰，努力將自己的能力提升到百分之五最尖端的程度。

（本文作者為台灣才能教育協會榮譽理事長、美國哥倫比亞大學音樂教育博士、小提琴師訓教師）

〈推薦序〉

成功不是天注定

周俊勳

我的圍棋人生從五歲開始，每天投入大量時間訓練。一開始是因為逃避上學，所以身為大棋迷的爸爸教我玩圍棋。在學習圍棋規則前，我在家裡擺了一年多的譜，每天重複一樣的動作，從速度很慢到變快，看似如此無聊的活動，我卻樂在其中，一整天除了吃飯、睡覺、上廁所外，剩餘的時間都在擺譜。一年下來，我擺了兩千四百多譜，這個成果令家人非常驚訝。於是，爸爸開始要求我用「背」的，從一天背十譜，到一天背三十譜，這時他們才真正覺得我喜歡圍棋，所謂的「天分」漸漸浮現出來。七歲時，正式到圍棋教室學棋，老師發現我對棋型的敏感度較同齡孩子強很多，我想，這都是因為那一年中兩千多譜無形的「刻意練習」。

《刻意練習》這本書實在太讓我震驚了！對於圍棋，一直以來，我都以為我是因為有天賦，加上專注與努力，才能走到棋王這條路，並一直堅持到現在。然而，書中卻說所謂的「天賦」，只是種迷思！其實頂尖人士所擁有的「天賦」，是大腦和身體的適應力，而這種天賦人人都有，我們在環境與自我的要求下，將其發揮得更大。我想了想，確實，因為臉上大片胎記的關係，我逃避上學，以至於能在年紀很小的時候就比別人有更多時間在圍棋上摸索。

本書提及成為頂尖人士很重要的關鍵：刻意練習。越是找到方式突破現況，越是有機會成為自身領域的專家。一開始接觸圍棋時，還算不上學習，只是覺得很有趣，把棋子照著棋譜上的數字擺出，卻是我奠定基礎的重要一步。九歲時，拜戴嘉伸為師後，我住進戴老師的棋社。戴老師非常嚴格，卻讓我停滯不前的棋力大增。他常常在棋社關門後，帶著我覆盤，一一檢討需要改進的地方。十一歲時，因緣際會下，我赴中國學棋。一個人在異地學習對一個小學都沒有畢業的孩子來說，需要很大的勇氣，但也幸好有這一段獨立深造的過程，讓我的棋力又提升到另一個境界。

我不斷地跳脫舒適圈，也可以說，我的人生其實沒有舒適圈的存在。因為胎記的關係，我全心專注在圍棋上，大量的訓練、自主練習，讓我可以一步一步往上躍進，直到二〇〇七年拿下台灣的第一座圍棋世界冠軍。

沒有一項專業是能夠輕易達到顛峰的，本書提到許多專精於特定領域的方法和例子佐證，非常有趣及生活化。這本書很適合希望自己的工作、課業等生活各方面變得更好的人閱讀。成功是一個終極大目標，而走向大目標的過程中，還有許多小目標要突破。我的成功不是天生就注定的，絕對是後天努力不懈及老天給的小幸運。鼓勵大家，也推薦你來看這本書。

（本文作者為紅面棋王）

〈推薦序〉

兼顧練習質與量的高效訓練法

曾昊宇

我們時常觀察優秀人士的卓越表現，然後將之歸功為「有天分」，例如天才音樂家、天才運動家等。而在電子競技運動中，我們也時常聽到所謂的「天才型選手」。但根據我的了解，根本沒有所謂「天才型選手」，他們能夠在激烈的競賽中達到顛峰，是因為在背後付出好幾倍的努力。所謂「天分」來自這些人更快掌握競技技巧。這些技巧有可能來自過去的生活方式與學習經驗，讓他們較一般人更容易得心應手，僅止於此。

倘若進入職業化的「訓練」，有天分的選手因為某些緣故而怠惰，很快就會被原本看似較沒「天分」的選手趕上。這是因為透過有效率的訓練，能夠讓大腦與身體的適應力逐漸變強，進而迎頭趕上，而本書《刻意練習》提供了許多研究案例來驗證此說法。

電子競技運動發展期較短，至今不過十幾年的時間。相較於其他運動，電競並無科學與系統化的訓練模式，部分有熱情的玩家誤以為只要多「玩」、多「打」，就能成為頂尖選手。事實上，職業化的團隊訓練必須有「目標」性，所以大部分的訓練是重複做一件事，直到完全沒有失誤為止，而這種訓練與玩家當初「娛樂」的想法背道而馳。因為和當初想的不一樣，或者無法接受枯燥的訓練方式而放棄，著實浪費了寶貴的青春。

因為不是每個人都有機會接觸職業化的訓練過程，《刻意練習》這本書提到的各類型訓練方式，就如同電競選手邁向頂尖的訓練模式，若你嚮往成為「電競職業選手」，不妨先揣摩本書提到的訓練方式，了解自己能否接受枯燥乏味的訓練，或者將本書的訓練方式內化，進而激發更多潛能。

我時常問選手，兩支選手實力、訓練時間相同的隊伍，最後只有一隊能勝出，為什麼？答案是：因為訓練的「質量」不同，而產生高低的結果。這也是本書作者安德斯·艾瑞克森提到的，光有訓練的「量」是不夠的，還必須兼具訓練的「質」，能夠掌握「有效率的訓練方式」的一方，才會是最後的贏家。

《刻意練習》提到的諸多訓練方式與研究實證，會讓各位對邁向卓越有更進一步的了解，非常適合對電競有憧憬的玩家、戰隊教練，以及不甘於平凡、想達到顛峰的各領域專業人士閱讀。

（本文作者為二〇〇二～二〇〇四年FPS項目三屆國手，
曾任華義SPIDER / UMX電競戰隊教練，現為專業電競主播／賽評）

我常說：「值得做的事，也不一定值得非常認真做，要考慮機會成本。」把這句話套入本書的觀念正是：「躍上顛峰，需要刻意練習，而非埋頭苦幹一萬小時。」

在我從事業務、主管、講師、寫作、主持的人生五大挑戰歷程中，我漸漸發現：設定精準目標，挑戰能力極限，專注根除弱點，精心監控過程，找到能幫助你的教練，並兼顧練習的量與質，才是各行各業躍上顛峰的不二法則。

我誠摯推薦這本書。

——謝文憲（講師、作家、主持人）

本書以輕鬆的文字說明並搭配許多案例輔佐，成為專家的方法才能如此平易近人地被公開。想要精進自己的能力並不是大量練習就好，練習品質也非常重要，必須專注於自己的目標、自己的弱點上，全心全意去衝撞它。脫離舒適圈會充滿挑戰，過程並不有趣，但結果會令人興奮。運用這本書提供的概念與原則，大家都能讓自己的技能有所提升。羨慕天才嗎？只要將自己的目標放在那般高度，用對方法並付出努力，你也有機會成為大家眼中的天才。

——洪啟倫（記憶高手，曾創下多項記憶比賽與魔術方塊比賽的台灣紀錄）

〈作者的話〉

本書是兩人共同努力的成果

本書是一名心理學家與一名科學作家的合作結晶。十幾年前，我們開始就「頂尖專家」和「刻意練習」進行討論，五年多前開始認真撰寫本書。這段期間，這本書融合了兩人的共同心血，相互交融到難以確認哪些部分是由誰負責的，但我們深信最後的作品比其中一方獨自能撰寫出來的更為精闢特別。

這本書雖然是兩人的合作，當中的故事卻僅出自其中一位（艾瑞克森），成年後的他將一生都致力於研究頂尖人士的成功祕密。因此，我們決定採用艾瑞克森的觀點撰寫本書，書中的「我」指的正是他。不過，本書確實是兩人共同努力的結果，目的在說明這個無比重要的主題和其影響。

安德斯・艾瑞克森
羅伯特・普爾

〈前言〉

眞的有「天才」嗎？

爲什麼有些人在自身領域中能有不可思議的傑出表現？無論是運動競賽、音樂演奏、科學界、醫界或商界，總會有幾位佼佼者以能力和精湛表現讓人驚歎。面對這樣的頂尖人士，我們往往自然斷定他們與生俱來多了些才能，常說「他眞有天賦」或「她實在有天分」。

不過，確實是如此嗎？三十多年來，我研究了這群出類拔萃的人，包含運動員、音樂家、棋士、醫生、銷售員、教師等，具體深入了解他們做了些什麼、怎麼做的。我觀察、訪談、測試他們，也從心理學、生理學和神經解剖學等角度去研究這些非凡人士。隨著時間過去，我終於明白，沒錯，這些人的確有異於常人的天賦，這是他們能力的核心，但這個「天賦」並非一般人以爲的天賦，而且，其影響甚至超出想像。最重要的是，這項天賦人人生來就有，並且可以透過正確的方式善加利用。

完美音感的迷思

時間回到一七六三年，年幼的莫札特正準備展開歐洲巡迴演出，開始寫下傳奇。年僅七歲的他還沒長高到足以從上方看著大鍵琴，卻以小提琴和多項鍵盤樂器的演奏技巧在家鄉薩爾斯堡虜獲聽衆的心。他的演奏能力精湛到令人無法相信是出於如此年幼的孩子。不過，莫札特還深藏了另一項才能，令當時的人更爲嘖嘖稱奇。我們之所以知道他的這項才能，是因爲莫札特隨家人離開薩爾斯堡，準備展開巡迴演出之前，他父親老家奧格斯堡的一份報紙刊出了一封寫給報社編輯的信，信中口氣興奮不已。

那封信描述了小小年紀的莫札特能立即辨認出樂器奏出的任何音符：第二個八度音階裡高於中央C的升A音，或是低於中央C的降E。就算他人在另一個房間，根本看不見被演奏的樂器，依然判別得出來，而且不只是小提琴和古典鋼琴，他聽到的每一種樂器都沒問題——莫札特的父親身爲作曲家和音樂教師，你想像得到的任何樂器，他家裡幾乎都有。此外，這項才能也不局限於樂器，只要是音樂性足夠的任何音調，舉凡鐘響、鈴鐺聲、打噴嚏聲等，年幼的莫札特都能辨認無誤。這項辨別音符的能力哪怕是當時再資深的成人音樂家都有所不及，而且似乎比鍵盤樂器和小提琴演奏技巧更能說明莫札特這位小神童天生就具備不可思議的天賦。

這項能力到了今日當然不再如此神祕。現代人對它的了解遠超過兩百五十年前，多數人至少都聽過，專業名詞叫「絕對音感」，但更常被稱爲「完美音感」，相當罕見，大約每一萬人中只有一位具備。相較於一般人，世界級音樂家中擁有這項能力的人比例較高，但就算是音樂大師，有完美音感的也寥寥無幾——一般認爲貝多芬有，布拉姆斯沒有；霍洛維茲有，史特拉汶斯基沒有；法蘭克·辛納屈有，邁爾士·戴維斯沒有。

乍看之下，這似乎說明了少數幸運兒就是天生具備多數人沒有的天分，這種看法也的確廣爲流傳了至少兩百年。然而，過去數十年間出現了一種對完美音感非常不同的理解，讓人對天賦的種種面向有了新的認識。

第一道線索是，人們觀察到具備這項「天賦」的人幼年也曾接受某種音樂訓練；尤其，許多研究顯示，幾乎每個擁有完美音感的人都在三到五歲的稚齡時期開始接受音樂訓練。不過，完美音感若是與生俱來的能力，一生下來有就是有，沒有就是沒有，那麼，孩童時期是否接受音樂訓練照理來說不會有影響，差別應該僅在於你因爲（在人生的任何階段）接受過音樂訓練，而學會不同的音名而已。

第二道線索是，研究人員發現完美音感在說聲調語言的人之中更爲常見，例如中文、越南語，以及其他幾種字義取決於聲調的亞洲語言。完美音感若眞是遺傳而來的天賦，與聲調語言之間的關係只能解釋爲，有亞洲血統的人比祖先來自歐洲或非洲等其他地方的人更可能擁有完美音感基因。要檢驗這點是否屬實很簡單：召集一群有亞洲血統、卻從小說英語或其他非聲調語言的人，測試他們擁有完美音感的比例是否較高。有人做過這樣的研究，結果顯示，有亞洲血統的人若從小到大說的並非聲調語言，具備完美音感的機率並不高於其他種族的人。由此可見，亞洲基因並非關鍵，擁有完美音感的可能性高低取決於是否會說聲調語言。

直到幾年前，我們知道的就這麼多：孩童時期學習音樂對於擁有完美音感不可或缺，而從小說某種聲調語言提高了具備完美音感的可能性。科學家無法確定完美音感是否與生俱來，卻知道若這眞是種天賦，也只出現在小時候就接受過音感訓練的人身上；換言之，是種「不用則廢」的天賦。就算是天生具備完美音感的少數幸運兒，也得做些事——特別是小時候要接受某些音樂訓練——以發展這項天賦。

而我們現在知道，事實也非如此。二〇一四年，東京的一音會音樂學校將其完善進行的實驗結果發表於《音樂心理學》這本科學期刊中，完美音感的眞實特質才公諸於世。

日本心理學家榊原彩子召集了二十四名年齡介於二至六歲的孩童，接受爲期數月的訓練，課程目的在教導孩童單純憑藉鋼琴彈奏的不同和弦的聲音，就將之辨認出來。這些和弦皆爲三個音符組成的大調和弦，例如C大調和弦是由中央C及E、G組成。孩子每天接受四、五次短時間的訓練，每回僅維持幾分鐘，每個人都持續訓練到能夠判別出榊原挑選的十四組和弦爲止。有些孩子不到一年就完成訓練，有些則花了一年半之久。一旦某個孩子學會辨認這十四組和弦後，榊原便測試他能否正確說出其中的個別音符。結果，每個參與實驗的孩子在完成訓練後，都發展出完美音感，可以辨認鋼琴彈奏出的個別音符。

這項結果十分驚人。一般情況下，每萬人中只有一人能發展出完美音感，榊原的每個學生卻都辦到了。由此清楚可見，完美音感並非少數幸運兒特有的天賦，只要有適當接觸音樂的管道，並用對訓練方法，幾乎人人都可發展出這項能力。此研究完全顚覆了人們對完美音感的認知。

至於莫札特的完美音感，稍加了解他的背景便能大概明白其來有自。他父親老莫札特（李奧波德．莫札特）是名才能平庸的小提琴家暨作曲家，從未能一嘗夢寐以求的成功滋味，因此下定決心要依照個人理想打造自己的孩子，從莫札特的姊姊瑪麗亞．安娜開始訓練。瑪麗亞．安娜到了十一歲時，便被認爲具備與成人專業音樂家一般了得的鋼琴與大鍵琴演奏技巧。老莫札特寫過第一本兒童音樂發展訓練書籍，而莫札特開始接受父親訓練的年齡較瑪麗亞．安娜更小；到了四歲時，他便已經在接受父親的全天候訓練，學習小提琴、鍵盤樂器等。雖然我們不清楚莫札特的父親使用何種訓練方法，不過可以確定的是，莫札特六、七歲時接受的訓練，在強度和時間上遠比榊原的二十四個小小學生更強、更長。現在看來，莫札特能發展出完美音感自然沒什麼好令人驚訝的。

你我都有的天賦

那麼，七歲的莫札特究竟有沒有天生的完美音感呢？

可說有，也可說沒有。他能辨認出鋼琴彈奏的某個音符或茶壺水滾發出聲響時的精準音調是天賦使然嗎？所有完美音感的相關科學研究在在證明了，這並非出於天賦；更確切地說，莫札特若是生長於一個毫無接觸音樂管道，或是欠缺正確學習方式的家庭，絕對無法發展出這般能力。

不過，莫札特的確有某種天賦，而那項天賦，榊原研究裡的孩童也有——他們天生具備**可塑性和適應力極高的大腦**，只要有**正確的訓練**，就可以發展出在欠缺該能力的人眼裡像魔法般神奇的能力。

簡而言之，完美音感並不是天賦，**發展出完美音感的能力**才是，而且就我們所知，幾乎人人生來都具備這項天賦。

這個驚人的事實很振奮人心。回顧人類數百萬年的演化歷史，能精準辨認鳥鳴音調的人幾乎從未在物競天擇的過程中更占優勢。然而，我們現在卻能透過相對簡單的訓練法培養出完美音感。

神經學家直到最近才終於了解這樣的天賦為何會存在。數十年來，科學家都相信人一生下來大腦的回路幾乎就固定了，而這個回路決定了一個人的能力。大腦是否內建完美音感早已注定，難靠後天改變，就算需要一定練習量才能充分發展天生的完美音感，缺乏練習便無法讓這項與生俱來的能力完全展現出來，但普遍的看法還是：如果天生根本沒有這個才能，再勤於練習也是徒勞無功。

不過，從一九九〇年代起，研究大腦的學者逐漸發覺大腦的適應力遠超出想像，就連成人的大腦也不例外，這意味著你我可以十足掌握大腦所能。尤其，大腦會以各種方式重建自身回路，來回應適當類型的刺激。神經元之間建立新的連結，而既有的連結可能會增強或變弱，大腦的某些部分甚至可能長出新的神經元。這種適應力說明了榊原的研究對象和莫札特為何能發展出完美音感：大腦藉由形成某些可能造就完美音感的回路，來回應他們接受的音樂訓練。雖然目前尚未能確定是哪些回路，也無法說明其模樣和作用，但我們知道那些回路絕對存在，且是因訓練而來，並非某種天生的基因程式設計。

就完美音感而言，發展這項能力必要的大腦適應力似乎在孩子六歲之後便消失，因此，培養完美音感所需的重建回路過程若是未在那之前發生，就永遠沒機會了（不過第八章將提供一些特例，讓大家了解如何善用大腦的適應力）。適應力的消失其實是一個更大現象的一部分——年幼孩童大腦與身體的適應力較成人佳，因此，有些能力只有在六歲、十二歲或十八歲前才培養得出來，或是比較容易培養。儘管如此，大腦和身體在整個成年期依然保有相當的適應力，讓成人、甚至長者也有可能透過正確的訓練發展出廣泛多元的新技能。

了解這個事實後，我們回到一開始的問題：爲什麼有些人在自身領域中能有不可思議的傑出表現？多年來，我研究了衆多領域的佼佼者，發現他們發展能力的方式與榊原的學生幾乎相同——藉由驅使大腦改變的專門訓練（依據能力種類不同，有時是身體上的改變），讓他們做到原本做不到的事。不過在某些案例中，天生基因確實有影響，尤其是在講求身高或其他身體特質的領域。基因注定長到五呎五吋（一百六十五公分）的男子成爲職業籃球員的機率微乎其微；六呎（一百八十三公分）高的女子想要在國際體壇的競技體操項目上大放異彩，可說是天方夜譚。而本書稍後會談到，基因還可能在其他方面左右人的成就，特別是那些影響一個人能否勤奮且正確練習的基因。話雖如此，幾十年來的研究清楚指出，**無論天生基因在那些「有天賦」的人的成就中扮演何種角色，他們擁有的主要天賦，其實是「人類大腦與身體的適應力」，而這項天賦，我們每**

個人都有，那些佼佼者只是比其他人更善於利用。

和頂尖人士交談便會發現，他們或多或少都了解這一點。也許他們不熟悉認知適應力的概念，不過幾乎沒有人認爲自己能躍上顛峰純粹是運氣好，中了「基因樂透」。因爲親身經歷過，他們了解發展出非凡能力的必要條件是什麼。

這方面的最佳實例是雷．艾倫，他曾經十次成爲美國國家籃球協會（ＮＢＡ）的全明星，也是該聯盟歷史上最偉大的三分射手。幾年前艾倫即將打破三分球命中數紀錄時，知名運動雜誌《ＥＳＰＮ》的專欄作家潔姬．麥克穆蘭寫過一篇關於他的報導。麥克穆蘭採訪艾倫時提到，曾經有位籃球球評表示艾倫天生就有投籃手感，也就是有投三分球的天分，艾倫不表同意。

他告訴麥克穆蘭：「我爲此和許多人爭辯過。每次聽到有人說是上天眷顧讓我漂亮跳投得分，我都氣得半死地回說：『別忘了我每天下的功夫。』不是有時候，而是每一天。去問問我以前的任何一個隊友，誰在隊上投籃投最多，去西雅圖超音速和密爾瓦基公鹿隊問問他們，就會知道每天投籃投最多的是我。」的確如此，麥克穆蘭在文章裡提到，艾倫高中時期的籃球教練表示，他那時的跳投不但沒有較隊友出色，反而更弱。不過，艾倫掌握了自己的命運，日復一日努力不懈地練習，讓自己的跳投漂亮到像是渾然天成，讓大家都以爲是與生俱來的。他善用了自己的天賦——眞正的天賦。

這本書想告訴你的事

這本書談的是莫札特、榊原的學生、雷．艾倫共同的天賦——透過正確的訓練和練習，運用大腦和身體神奇的適應力，創造出以其他方式無法擁有的才能。此外，本書還會教導讀者如何在自己選擇的某個領域中運用這項天賦，更上一層樓。最後，從最廣義的角度來說，本書分享了關於人類潛能的嶄新觀點：我們對自己人生的掌控力遠超出想像。

從古至今，人們多認爲無論身處哪個領域，潛能難免受限於天賦。學鋼琴的人比比皆是，卻只有具備天分的人才會成爲眞正偉大的鋼琴家或作曲家；雖然每個孩子在學校都會學習數學，但僅有少數人有成爲數學家、物理學家或工程師的本事。根據這個觀點，每個人生來都有一組「固定」的潛能（請想成一個個固定容量的杯子）——音樂潛能、數學潛能、運動潛能、商業潛能——我們可以選擇開發（或不開發）其中的任何一項潛能，但無法將任何一項潛能發揮得超出極限（無法把任何一個杯子斟得滿出來）。因此，教導或訓練的目的變成幫助個人將潛能發揮到極限——盡可能把杯子斟滿。這意味著某種預設限制的學習方式。

不過，現今發現沒有所謂的預定能力。人的大腦有適應力，而訓練可以**創造出**之

前不存在的技能——例如完美音感。這改變了遊戲規則，因爲學習現在變成一種創造能力的方法，而不是引導個人發揮固有能力。根據這個新發現，人天生的潛能不具極限，潛能反而是一個可以擴張的容器，由我們一生做的各式各樣的事情塑造而成。學習不是一種達到潛能的方法，而是發展潛能。你我可以創造出自己的潛能，而無論目標是成爲可以開演奏會的鋼琴家，或者只想把彈琴技巧練到足以自娛；是參加職業高爾夫球巡迴賽，或者只想讓自己打球的平均水準和標準桿數之間少個幾桿，這都適用。

那麼，問題就變成：怎麼辦到？如何善用這項天賦，在自己選擇的領域培養出能力？我過去數十年的研究多環繞著這個問題，希望找出並仔細了解在任何特定活動中精益求精的最佳方法。簡而言之，我一直在追尋：哪些方法管用，哪些無效？原因何在？

出乎我意料的是，這個問題幾乎沒有獲得相關研究人士的注意。過去幾年，坊間有不少書籍指出人們過於看重天分的價值，低估了機會、動機和努力等因素的重要，這點我並不反對。宣揚如何透過練習進步——而且是進步很多——的確重要，否則大家很可能連嘗試的動力都沒有。不過，這些書有時讓人感覺只要帶著衷心的渴望，然後下功夫去做，表現便會有所改善——「持續努力就會達到目標」——而這是錯的。**投注足夠的時間以正確的方法練習**，才能有所進步，別無他法。

本書詳細說明了「正確的練習方法」爲何，以及如何應用。

這種練習方法的細節出自心理學中相當新的領域，可稱之爲「專長發展學」。這個新興領域旨在了解頂尖專家，亦即在自身專業有顛峰表現的國際級佼佼者的能力。我曾經針對這個主題出版了幾本學術書籍。專長發展學研究的是傑出人士異於常人的成因，並嘗試一步步解構這些頂尖專家如何隨著時間改善自身表現，以及他們在不斷進步時的身體與心智能力如何改變。二十多年前，我和同事研究了衆多領域的頂尖專家，發覺**無論是哪個領域，改善表現最有效的方法，其實都源自同一套通用原則——這放諸四海皆準的方法，我們稱爲「刻意練習」**。直至今日，無論身處哪一種專業，若想運用適應力這項天賦培養新的技能和能力，刻意練習依然是黃金準則，而這也是本書重點。

本書前半部會說明何謂「刻意練習」，解釋這套方法爲何奏效，以及專家如何透過刻意練習培養出超凡能力，因此將檢視複雜度不同的多種練習方式，討論其間差異。由於不同練習方式的一個關鍵差別在於它們利用大腦和身體適應力的程度，所以會花一些篇幅談談適應力與其觸發因子，也將探討大腦受刻意練習刺激之後會產生什麼樣的變化。因爲專精於某項技能多和改善心智運作有關（在某些領域中也包含掌控身體動作的心智運作過程），也因爲提升體力、彈性和耐力之類的身體變化大家已經相當了解，本書大部分將聚焦於專家級表現的心智層面，不過身體因素對運動與其他體育項目的頂尖表現當然有重大影響。探討以上這些事情之後，就來檢視這一切如何整合在一起，以產生一名頂尖專家——這往往是一個至少十年之久的長期過程。

接著，本書利用一段小插曲更仔細地檢視天賦這個主題，以及天賦如何限制一個人追求專家級表現。身高、體型等天生的身體特徵也許會影響多項運動或體能活動方面的表現，而且無法透過練習改變，不過，在專家級表現中扮演重要角色的多數特徵卻可能藉由正確的練習「修改」，至少在人生的某個階段有用。整體來說，遺傳因子和練習活動之間的相互作用錯綜複雜，有些遺傳因子可能會影響進行刻意練習的持續力，例如讓人無法每一天都長時間全神貫注地練習；反之，長期練習也可能影響體內的基因如何被啓動與抑制。

本書最後一部分綜合了研究頂尖專家而得到的所有刻意練習相關知識，並且說明這對一般人有何意義。針對刻意練習如何應用在職場上以提升員工表現、個人如何在自己有興趣的領域透過刻意練習增進實力，甚至學校可以怎樣在課堂上運用刻意練習，書中都提出了具體建議。

刻意練習的原則出自對頂尖專家的研究，卻適用於任何想追求進步的人，就算只求些微進展也能奏效。想加強網球球技？刻意練習。想改善寫作能力？刻意練習。提升銷售技巧？刻意練習。由於刻意練習設計的目的在協助人們於自身領域中成爲世界級菁英，而非僅以「夠好了」爲目標，所以稱得上是目前所知成效最佳的學習方法。

各位可以試想自己想爬一座山，卻不確定想要爬多高，山頂看起來又遙不可及，但你知道你想要比現在更上一層樓。你可以踏上某條看似理想的路，祈求一切順利，但很可能走不遠；也可以請一位曾經攻頂成功且熟悉最佳路徑的嚮導帶你往上爬，如此可以確保不管最後決定爬多高，你採取的都是效率最好、效果最佳的方法。刻意練習就是那個最好的方法，本書則是你的嚮導，能指點攻頂的路徑，而要爬多高，由你自己決定。

第1章
有目標的練習

一個人的表現一旦到達「可接受」的程度，動作成自然，再多花幾年練習也不會進步，還可能更差。「有目標的練習」成效好過一般「學會就行」的方法，也朝我們的終極目標「刻意練習」更進一步。

史提夫在第四回實驗時就開始顯得氣餒。那天是實驗第一週的星期四（整個計畫預計為期兩至三個月），不過史提夫表示，繼續進行恐怕沒什麼意義。他告訴我：「我的極限好像就在八、九位數附近。」他在每回實驗中的一言一語都會從頭到尾由錄音機錄下。「九位數尤其困難，用什麼模式都沒用——你知道的，就是我自己的策略。不管用什麼方法，似乎都很難達成。」

我當時任教於卡內基美隆大學，史提夫是大學部的學生，被請來執行一項簡單的任務：記憶長串數字。他一週來幾次，我會以一秒一個的速度對他念出一串數字，例如：「7……4……0……1……1……9……」史提夫要試著全數記住，等我念完後重述。實驗目的之一在測試史提夫能藉由練習進步多少。而在進行四回實驗之後，他已經能熟記相當於本地電話號碼長度的七位數，八位數的表現通常也無誤，但九位數的成功機率不太穩定，十位數則完全辦不到。他當時因為頭幾回的表現而感到沮喪，深信自己不可能有進展。

有一件事我很清楚，史提夫卻不知道——當時幾乎所有心理學研究都站在他那一邊。幾十年的研究顯示，人類短期記憶能夠記住的物品數量絕對有極限（短期記憶是大腦用來在短時間內保存少量資訊的一種記憶類型）。我們利用短期記憶把朋友給的地址保留到將它寫下來；在腦海中進行二位數乘法時，短期記憶會記錄中間所有的運算步驟：「好，27乘以14……首先，4乘以7等於28，8留下來，2進到十位，然後4乘以2等於8……」諸如此類。這種記憶類型之所以被稱爲「短期」其來有自，因爲除非花時間一次次複誦那個地址或中間那些運算的數字，以存入長期記憶中，否則五分鐘後便忘了。

史提夫面對的是短期記憶的問題：大腦靠短期記憶同時記下的物品數量明顯有極限。有些人可以記六項，有些人記七、八項沒問題，不過七項是一般人的極限，所以能夠記住七位數的本地電話號碼，卻記不住九個數字組成的社會安全號碼。長期記憶就沒有這樣的限制，其上限甚至無人知曉，但想有效利用卻得花更長的時間。只要投注足夠的時間，便能記住幾十組，甚至上百組電話號碼，不過我在測試史提夫時故意迅速讀出數字，迫使他只能運用短期記憶。一秒一個數字的速度快到他無法將數字轉存到長期記憶中，難怪他在八位數或九位數的地方會碰壁。

儘管如此，我還是希望史提夫能有些微的進步。會想進行這項研究，是因爲我在閱覽老舊的科學實驗文獻時發現一篇不起眼的報告——寶琳·馬汀和山謬·凡保格這兩位賓州大學的心理學家一九二九年發表在《美國心理學期刊》的文章。馬汀和凡保格表示，兩名大學生受試者經過四個月的練習後，成功增加了可以記住的數字位數（聽取的速度也是一秒鐘一個數字），其中一名學生從一般的九位數進步到十三位數，另一個則從十一位數進步到十五位數。

心理學界多忽略或遺忘了這項結果，我卻眼睛爲之一亮：這種進步眞的有可能嗎？若有可能發生，是怎麼辦到的？馬汀和凡保格並未詳細說明那兩名學生如何增進對數字的記憶，而這正是最令我好奇之處。當時我剛從研究所畢業，主要的研究興趣是人在學習事物或發展一項技能時的心智運作。爲了畢業論文，我還修改了「放聲思考法」這項特別設計來研究這種心智運作過程的心理學研究工具。所以，我與知名的卡內基美隆大學心理學教授比爾．查斯合作，重新進行馬汀和凡保格的實驗，這一次我會仔細觀察實驗對象究竟如何改善數字記憶——假如他辦得到的話。

突破限制，展現驚人記憶力

我們招募到的受試者叫史提夫．法隆，是典型的卡內基美隆大學部學生。主修心理學的他對幼兒期發展格外有興趣，當時剛完成大三的課程，成就測驗的分數和一般卡內基美隆的學生差不多，成績等級則稍微高於平均。他體型高瘦，有著濃密的深金色頭髮，和善外向又熱情，還熱中跑步，最後這一點當時似乎不具特別意義，後來對我們的研究卻至關重要。

史提夫第一天來執行記憶任務的表現一如平均值。他通常可以記住七位數，八位數有時也不成問題，表現和街上隨機選出的人差不多。星期二、三、四，他稍有進步，可以記住的位數接近九個，卻還是沒有優於平均值。史提夫認爲和第一天的主要差異在於他已經熟悉記憶力測試，所以較爲自在。那個星期四的測試進行到尾聲時，史提夫向我解釋他爲何擔心自己難有進步。

接著，星期五發生了一件扭轉全局的事——史提夫找到方法突破瓶頸了。訓練過程如下：我先隨機念出一個五位數數字，如果史提夫一如往常可以正確重述，我便增加到六位數，六位數也正確重述了，就增加到七位數，以此類推，每次重述正確時便增加數字的長度；若重述錯誤，我便減少兩位數，重新再來。如此，史提夫面臨的挑戰持續增加，卻不至於過度，接收到的數字位數正好在他記得住和記不住的極限上。

而在那個星期五，史提夫拓展了極限。在此之前，他僅成功記住九位數幾次，從未能正確重述一個十位數數字，所以根本還沒有機會嘗試十一位數以上的挑戰。但這第五回合的實驗，他一開始就勢如破竹，前三次（五、六、七位數）成功過關，第四次挑戰失敗，重新再來——六位數正確，七位數正確，八位數正確，九位數正確。然後，我念出一個十位數——5718866610——他也重述無誤。接下來的十一位數未能成功，可是重新通過九位數和十位數的測試後，我念出第二個十一位數——90756629867——他從頭到尾完美重述了出來。這一關比他之前的成功紀錄多出兩位數，雖然多兩位數看似沒什麼了不起，卻是一大躍進，因為過去幾天史提夫好像被「天生的」極限困住，頂多能將八、九位數存入短期記憶，現在卻找到了突破極限的方法。

我研究生涯中最令人驚奇的兩年便這麼展開了。從那天起，史提夫記憶一連串數字的能力緩慢但穩定地增強，第十六回合實驗時已可穩穩記住二十位數，遠遠超出比爾和我的預期；到了第一百多回，他便能背下四十位數，不僅打破歷史紀錄，連記憶術專家都望塵莫及，而他依然持續不懈地練習。我們共進行了兩百多回合，最後，他成功記下八十二位數——八十二！稍微想一下，就知道這記憶力多令人稱奇。在此隨機列出一個八十二位數：

032644344960222132820930102039183237392778891726765324503774612017909434
5510355530

想像一下，以每秒一個數字的速度聽到這串數字之後，要一**個不漏地全數記下**。這就是史提夫在參與這項為期兩年的實驗期間教自己做的事，他絲毫沒想過這有可能辦到，只是一週一週地勤下功夫而已。

各領域傑出人物靠大量練習發展出超凡能力

強尼．海耶斯於一九〇八年贏得奧運馬拉松競賽，當時報紙紛紛稱之爲「本世紀最精采的賽事」。海耶斯奪冠的時間創下馬拉松的世界紀錄：兩小時五十五分十八秒。

僅僅逾一世紀後的今日，馬拉松競賽的世界紀錄是兩小時兩分五十七秒，幾乎比海耶斯的紀錄快約百分之三十，年齡介於十八至三十四歲之間的男性若想參加波士頓馬拉松賽，沒有在其他馬拉松賽事中跑出優於三小時零五分的成績，甚至不符合參賽資格。簡而言之，海耶斯在一九〇八年創下的世界紀錄時間雖然能讓他參與現今的波士頓馬拉松賽（約有三萬名跑者），卻只比資格下限快一點而已。

同樣那場一九〇八年的夏季奧運，男子跳水競賽發生一件近乎災難的事。一名跳水選手在試圖翻騰兩周時險些遭遇嚴重傷害，幾個月後發布的官方報告表示，礙於過度危險，建議在未來的奧運中禁止這項動作。時至今日，翻騰兩周已經成爲跳水入門功夫，年僅十歲的選手都能在比賽中完美演出，而頂尖選手到了高中時期都在練習翻騰四周半，世界級選手甚至精益求精地展現「轉體」之類的技巧，例如向後翻騰兩周半加轉體兩周半。難以想像二十世紀初認爲翻騰兩周過於危險的跳水專家會怎麼看轉體技巧，他們可能會一笑置之，認為這是痴人說夢，甚至根本沒人會去大膽想像這種技巧。

一九三〇年代初期，艾佛列．柯爾托是享譽全球的古典音樂巨擘，他演奏蕭邦二十四首練習曲的錄音作品被認為是最佳詮釋，但現今的教師要學生彈奏蕭邦樂曲時**不要**像他那樣草率，錯彈或漏彈音符，也有樂評人批評柯爾托的技巧不夠精準，任何職業鋼琴家演奏練習曲的技巧都應該比柯爾托高超許多才對。事實上，《紐約時報》的樂評安東尼．托馬西尼就曾表示，柯爾托那個年代之後的音樂演奏能力大幅提升，以今日的標準來說，柯爾托恐怕進不了茱莉亞音樂學院。

一九七三年，加拿大人大衛．李察．史賓賽在記憶圓周率小數點後的位數方面創下歷史紀錄：五百一十一位數。後來陸續有幾個人寫下新紀錄，五年後，由美國的大衛．杉克以背出一萬位數奪下這方面的記憶力冠軍。又過了三十多年後的二〇一五年，印度的拉傑維．米納被公認寫下新紀錄，花了十小時背誦圓周率小數點後的七萬位數。在此之前，日本的原口證曾宣稱甚至可以背到十萬位數，這驚人的數字近乎四十二年前紀錄的兩百倍。

以上事蹟並非特例，現今世界上擁有超凡能力的人比比皆是，那些能力無論從人類歷史哪一個時期的觀點來看都很不可思議。想想羅傑．費德勒在網球場上展現的神奇能力，或是麥凱拉．瑪羅尼在二〇一二年夏季奧運跳馬項目的驚人表現——先側翻內轉上跳板，接著後手翻躍上跳馬，騰空高飛之後轉體兩周半，然後穩穩著地。有些西洋棋特級大師可以蒙著雙眼同時進行好幾場棋賽，而年輕的音樂奇才更是多到數不清，他們在鋼琴、小提琴、大提琴或長笛上的表現能讓一世紀前的樂迷震驚不已。

這些超凡能力是如何發展出來的其實並不神祕，就是**大量的練習**。馬拉松的世界紀錄能在一世紀後縮短百分之三十並非出自長跑天賦，二十世紀下半葉也沒有突然出現一大群孩子生來就有可以彈奏蕭邦或拉赫曼尼諾夫樂曲，或是記下數萬個無規則數字的天分。

其實是由於二十世紀下半葉各個領域的人都投注了越來越多時間練習，更複雜先進的訓練技巧同時應運而生。諸多領域都有此現象，具高度競爭性的領域更是如此，例如音樂演奏、舞蹈、個人和團隊運動、西洋棋，以及其他競技活動。隨著練習的量與複雜度提升，這些領域中的人士能力也日漸強大，其進展未必隔年就清晰可見，以幾十年爲單位來比較卻十分驚人。

金氏世界紀錄提供了許多能證明這種練習成果的絕佳實例，其中也不乏奇特的例子。翻閱紙本紀錄或上網查詢，便能發現許多紀錄保持者，例如美國籍教師芭芭拉·布萊克本每分鐘能打出兩百一十二個字；斯洛維尼亞的馬可·巴洛曾經於二十四小時內騎自行車騎了五百六十二英里（約九百零五公里）；印度的維卡斯·夏瑪能於一分鐘內計算出十二個龐大數字的十七次方到五十次方根（那些數字的位數介於二十到五十一之間）。最後這個例子或許是其中最令人欽佩的，因爲夏瑪能在六十秒內以心算解出十二個高難度數學題，比許多人把那些數字輸入計算機然後一一念出答案的速度還快。

一名金氏世界紀錄保持人鮑伯．費雪曾經寫電子郵件給我，他一度擁有十二項不同的籃球罰球世界紀錄，包括三十秒內罰球進籃次數最多（三十三次）、十分鐘內最多（四百四十八次），以及一小時內最多（兩千三百七十一次）。鮑伯寫信告訴我，他讀過我對練習效應的研究，並將從中學到的應用在發展罰球投籃技巧，而創下紀錄。

我的這些研究都源自一九七〇年代晚期和史提夫．法隆進行的實驗。那時開始，我便致力於了解「練習」在發展全新和既有能力上究竟扮演何種角色，研究特別聚焦於那些憑靠練習在自身專業上成爲全球佼佼者的人。針對頂尖專家研究了數十年之後，我發現**無論是音樂、運動、西洋棋或其他領域，成效最佳的練習方式都有些共通原則**。

各領域間的連結並不明顯。讓有抱負的音樂家成爲鋼琴演奏家的指導技巧，與想成爲芭蕾名伶的舞者必須接受的訓練，或是西洋棋棋士要成爲特級大師得費心研究的東西到底有何關連？答案是，**任何領域裡最有效、最有用的練習方式都是藉由掌控大腦與身體的適應力，一步步創造出之前不可能擁有的能力**。想打造出世界級體操選手也好，要教導醫生進行腹腔鏡手術也罷，若想發展出真正有效的訓練方法以朝任何目標邁進，這套方法都得考慮到什麼可以、什麼不能迫使身體和大腦產生變化。正因如此，所有眞正有效的練習技巧基本上原理相同。

這些洞見還相當新，上個世紀創下驚人進展的教師、教練和專家都還沒有機會運用。他們之所以能寫下越來越精采的成績，是靠著一次次試誤，相關人士對於某個訓練方法爲何管用其實毫無頭緒。此外，當時衆多領域的專家是單打獨鬥地累積知識，根本不知道各領域之間互有關連——苦練三周半跳的溜冰選手，和爲了完美演繹一首莫札特奏鳴曲而努力練習的鋼琴家，運用的原理其實如出一轍。試想，若科學能透徹了解打造專長的最佳方法，因此衍生出來並順其道而行的練習會有多強大？再試想，這些在運動場、音樂界、棋賽中被證明效果極佳的方法，若能應用於各式各樣的學習中，從教育學童，到訓練醫生、工程師、飛行員、商業人士、各行各業的工作者，他們會有多亮眼的表現？我深信只要從有效練習的研究中取其精髓運用，那少數幾個領域在過去一百年展現的驚人進展，也會發生於近乎各個領域中。

有效練習種類繁多，但其中一種，也就是我在一九九〇年代早期命名的「刻意練習」，是黃金法則。這是目前所知最有效、最有用的練習法，利用刻意練習的運作原理來設計任何領域的練習方法是最好的。本書接下來多在說明刻意練習爲何、爲什麼效果奇佳，又如何在不同情境下熟練應用。然而，在深入探討刻意練習的細節前，最好先稍微了解幾種比較基本、大部分人或多或少都體驗過的練習法。

只讓你「學會」的一般練習法

先從一般人學習新技能的方法說起，例如學開車、彈鋼琴、長除法運算、人像繪製、寫程式等幾乎任何想像得到的事。在此以學打網球爲例。

你看電視轉播的網球賽看出興趣，也可能是有在打的朋友希望你加入，於是，你買了幾套網球衣、幾雙網球鞋，也許還買了吸汗頭帶、球拍和球。現在，你下定決心了，對打網球卻一無所知，連球拍的握法也不清楚，所以就花錢請教練上了幾堂課，或者要求朋友帶你入門。幾堂基礎課程所學足夠讓你開始自己練習了，可能先花點時間練發球，一次次練習對牆擊球，練到覺得不成問題。然後，你請教練或朋友再幫你上幾堂課，接著自己練習一陣子後繼續上課，然後又自行練習，持續一段時間後，自信滿滿地認爲能和他人對打了。雖然技巧有待加強，不過朋友們很有耐心，大家都打得開心、盡興。你持續自己練習，偶爾上上課，漸漸地，揮拍卻完全沒擊中球，或是狠狠將球打到雙打夥伴背上等超尷尬的失誤很少發生了。你越來越善於應付各種擊球方式，甚至是反手擊球，有時一切甚至順利到你打得就像個職業選手（至少自己這麼覺得）。現在打網球的自在程度讓你能隨時出門開心地打一場，對自己的動作十分清楚，擊球變得自動化，無須費心思索。你就這麼每個週末和朋友開心地打球、練習，可以稱得上會打網球了，也就是在傳統意義上「學會」網球——其目標是盡可能不假思索便能自然動作，有可接受的表現，如此就能輕鬆享受打球的樂趣。

到了這個階段，你就算對自己的球技並不完全滿意，卻也難以再進步，因爲簡單的部分都練熟了。

不過，你很快便發現，無論和朋友對打得多頻繁，就是有難以克服的弱點。例如，也許是每次要回擊朝胸前飛來的旋球時就是會漏球，你心知肚明，對打的球友中比較機靈的也注意到了這點，讓你十分沮喪。然而，因爲不是很常有這種狀況，也無法預知何時會發生，總是沒機會刻意改善，所以，你也就「動作自然」地在同一種狀況下一次又一次地漏球。

無論是烤派或寫敘述文，人在學習任何技能時幾乎都採用同一套模式：先設定大概的目標，接著從老師、教練、書籍或網站那裡學習一些操作方法，練習到可以接受的程度後，讓這項技能慢慢內化成自然。這樣做沒什麼錯，對人生中的許多事而言，達到中等程度就打住完全沒問題。如果追求的只是可以從甲地安全開車到乙地，或是希望鋼琴演奏技巧好到彈得出〈給愛麗絲〉，那麼這種學習方式綽綽有餘。

不過各位要了解一件非常重要的事：**無論是開車、打網球或烤派，一旦技能達到這種滿意的程度，動作也成自然，就等於不再精進了**。大家經常誤解這一點，以爲繼續開車、打網球或烤派就是在練習，只要一直做便能更上一層樓，也許進步緩慢，但還是會做得越來越好。一般人會認爲有二十年開車經驗的人必定勝過只開了五年車的，執業二十年的醫生當然強過僅行醫五年的，教書教了二十年的老師也一定比只有五年教書經歷的更專業。

這就錯了。研究顯示，大體而言，一個人的表現一旦到達「可接受」的程度，動作成自然，再多花幾年「練習」也不會進步。若眞有影響，那些有二十年經驗的醫生、教師或駕駛人相較於只有五年經驗的，狀況很可能更差，因爲那些已經自動化的技能並未透過刻意練習精進，反而逐漸退步。

那麼，假如不滿意這種自動化程度的表現該怎麼辦？有十年教學經驗的教師該如何改善學生的注意力，以提升學習效果？平時在週末打打高爾夫，與標準桿的差點爲十八，然後希望成績有所進步，該怎麼做？或者，廣告文案寫手如何豐富文采？

史提夫．法隆經過幾回練習後也身陷相同處境。當時他已經熟悉自己的任務，知道聽見一連串數字後得憑記憶重述給我聽，而由於短期記憶有其已知的限制，他的表現符合預期。史提夫大可持續做同樣的事，一回又一回地挑戰八、九位數的極限，他卻選擇了另一條路。因爲明白這項實驗的目的在測試自己能否比前一回多記下一位數，也因爲天性樂於接受這樣的挑戰，他督促自己要進步。

史提夫使用的方法在此稱爲「目標練習法」（有目標的練習），在他身上效果驚人。稍後會談到這項方法不一定都如此有用，但成效好過一般「學會就行」的方法，也朝我們的終極目標「刻意練習」更進一步。

目標練習法的四大特質

目標練習法和所謂的「天眞練習法」有幾項不同之處，後者單靠反覆做某件事便期望重複可以帶來進步。

史提夫．歐爾是威奇塔州立大學的音樂教育專家，他曾經分享下面這段音樂教師和年輕音樂學生之間可能的對話——音樂教師幾乎每天都得面對這種跟練習有關的對話。在這個例子中，老師想要了解爲什麼自己的年輕學生毫無進步。

老師：你的練習單上寫著每天練習一小時，彈奏測驗的結果卻只有C。有什麼原因嗎？

學生：我也不知道怎麼會這樣！昨天晚上彈都沒有問題。
老師：彈了幾次呢？
學生：十次或二十次。
老師：有幾次完全沒彈錯？
學生：嗯，不知道耶……一、兩次吧……
老師：這樣啊……你怎麼練習的？
學生：不知道，就彈啊。

這便是天真練習法——就彈啊；就揮棒／揮拍／揮桿，然後試著打中球啊；就聽著數字，然後努力記下來啊；就研讀數學題目，然後試著解題啊。

顧名思義，相較於天真練習法，目標練習法更有目的、更認真思考、更聚焦專注，尤其具備以下幾項特質：

目標練習法有定義明確的具體目標。上述例子中的音樂學生若設定以下這類練習目標，成效會亮眼許多：「以適當的速度將曲子毫無錯誤地從頭彈到尾，連續彈三次。」缺乏這樣的目標，就無法判斷練習是否有效。

史提夫進行實驗時沒有長程目標，因爲沒人知道數字位數記憶的上限，不過他倒是有非常明確的短程目標：比上一回多記一位數。熱愛長跑的史提夫喜歡競爭，哪怕對手只有自己，而他也將這種態度帶進實驗中，打從一開始便每天督促自己去增加所能記得的數字位數。

目標練習法說穿了就是利用聚沙成塔的方式達到長程目標。只在週末打高爾夫球的人若想讓差點減少五桿，以此作爲總體目標雖然可行，但若希望練習有效，這樣的目標定義不夠明確、具體，應該將目標拆解後制訂計畫：到底要怎麼做才能讓差點減少五桿？目標之一可以訂爲「增加發球落在球道上的次數」。這個目標相當具體，但還要拆解得更細：究竟要怎麼做才能增加發球成功的次數？你必須弄清楚自己發的球爲什麼常常沒有落在球道上，然後對症下藥，例如努力改變打左曲球的習性。那麼該如何做到這一點？你可以請教練針對揮桿動作給些具體建議等等。關鍵在於將「進步」這樣的總體目標化爲可以努力去做，並實際可預期改善程度的具體目標。

目標練習法講求專注。和歐爾描述的音樂學生不同，史提夫．法隆一開始便專注於自己的任務，而隨著實驗進行，以及他能記住的數字位數日益增加，其專注度也持續提升，從第一百一十五回的實驗錄音便能略知一二。當時整個研究計畫大概進行到一半，史提夫常常能背到將近四十位數，不過面對四十位數的表現還不穩定，而他眞的很想在當天達成目標。我們從三十五位數開始，這對他來說易如反掌；隨著位數增加，他開始爲自己打氣。在我念出三十九位數之前，他彷彿只意識到即將來臨的任務，給自己來一段精神喊話：「今天是個大日子！……目前爲止一個數字都沒漏掉，眞的！……今日必勝！」在我讀出整串數字的四十秒期間，他默默不語，小心翼翼在腦中重現那些數字，分組記下它們及其出現的順序，然後興奮不已地用力拍了桌子好幾次，拚命鼓掌，顯然在爲自己記下那幾組數字和順序喝采，還一度脫口而出：「對，絕對沒錯！」然後，他果然毫無錯誤地重述了那串數字，於是晉升到四十位數。接著，他又開始精神喊話：「眞正的挑戰來了！只要成功就過關了！一定要成功！」我讀出那串數字時，他又是一陣沉默，然後在仔細思考時再度難掩興奮，連聲驚歎：「哇！加油……很好！……對！」他也完美重述了那串四十位數，而他在那一回實驗中的確多次成功記住四十位數，雖然並未再往上增加。

當然不是人人在專注時都會拍案叫好，但史提夫的表現說明了有效練習的一項關鍵：不全神貫注於任務之上，恐怕難有進展。

目標練習法需要意見回饋。知道自己是否下對功夫很重要，若用錯方法，也得明白錯在哪裡。歐爾例子中的音樂學生在學校的彈奏測驗拿了C，算是遲來的回饋訊息，但他練習時好像沒有獲得任何意見，沒人在旁聆聽、指出錯誤，所以該名學生對於練習時是否犯了錯似乎毫無頭緒（「有幾次完全沒彈錯？」「嗯，不知道耶……一、兩次吧……」）。

史提夫在記憶力實驗中每次都能得到簡單、直接的意見回饋——對或錯，成功或失敗——所以知道自己當下的狀況。然而，更重要的回饋也許來自史提夫自己。他仔細留意一串數字中出問題的位數多是哪些，出錯時通常也清楚問題所在；就算成功重述，之後也能和我分享自己剛剛卡在哪些位數，哪部分又順暢無阻。認清自己的弱點，才能適當調整重點，想出對付弱點的新記憶方法。

一般而言，無論目標爲何，我們都需要意見回饋好找出弱點和其中癥結。缺乏自身或旁觀者的意見回饋，就無法了解必須加強的項目，以及距離目標還有多遠。

目標練習法要求跨出舒適圈。這也許是目標練習法最重要的部分。我們看不出歐爾例子中的學生曾經督促自己超越熟悉、應付自如的事，其言談中反而顯出練習上的散漫，只想做那些做起來已經很不費力的事，如此絕對效果不彰。

我們的記憶力實驗刻意不讓史提夫輕鬆過關，每回記憶力提升，他便得面對更長的一串數字，好一直逼近自己的極限。每回重述正確就增加位數，答錯便減少，要他記憶的位數徘徊在他能力極限的上下，同時不斷激勵他多記住一位數。

任何練習都有這條基本鐵律：不走出舒適圈，就不可能進步。業餘鋼琴家於青少年時期上過五、六年鋼琴課，若過去三十年來都以同樣的方式重複彈奏同樣那些樂曲，儘管累積了上萬個「練習時數」，卻無法比三十年前彈得更出色，甚至可能表現更差。

醫生特別有這種狀況。針對許多專家進行的研究顯示，執業二、三十年之久的醫生在某些客觀表現上還不如剛畢業兩、三年的同行，原因出在醫生每天行醫做的大多數事情都無法改進、甚至維持他們的能力，幾乎沒有挑戰，也沒有將他們推出舒適圈。因此，我在二〇一五年參加了一場共識會議，會議目的在找出新型態的在職醫學教育，好激勵、幫助醫生保持並精進技能，這部分會在第五章深入探討。

我最喜歡以班傑明．富蘭克林的棋藝爲例說明。富蘭克林是美國首位知名天才——他是以研究電聞名的科學家、發行《窮理查年鑑》的出版商與受歡迎作家、美國首間對大衆開放的公共圖書館創建者、成就非凡的外交官，以及諸多事物的發明者，例如遠近視兩用眼鏡、避雷針、富蘭克林爐等。不過，他的最愛是西洋棋，是美國最先開始下棋的人之一，並參加過美國已知最早舉辦的棋賽。下棋逾五十年的他，年紀越大就投注越多時間於此，在歐洲時便和當時最優秀的棋士弗朗索瓦．菲利多爾切磋棋藝。儘管他早睡早起的忠告廣爲人知，自己卻常常從晚間六點開始下旗，直到隔天旭日東升。

所以，富蘭克林聰明絕頂，也花了數千小時下棋，有時甚至與當代最傑出的棋士對弈。他是否因此成爲優秀棋士？不，他雖然棋藝中上，卻無法和歐洲技藝更高超的棋士相比，遑論與頂尖棋士一較高下了。棋盤上的挫敗讓富蘭克林非常沮喪，不明白自己爲何進步不了。現在有所解釋了：他從未逼迫自己，從未跨出舒適圈，從未運用目標練習法讓自己精進。富蘭克林就像三十年來一直以相同方式彈奏相同樂曲的鋼琴家一樣，如此非但不可能進步，反而會停滯不前。

離開舒適圈意味著嘗試去做之前做不到的事。有時克服新挑戰並不難，可以繼續往下一關邁進；但有時會完全碰壁，彷彿面對不可能的任務。目標練習法隱藏的關鍵之一，就是設法克服障礙，找到出路。

如何突破瓶頸？

一般來說，克服障礙之道不在於「更加努力」，而是「**嘗試新方法**」，也就是技術層面的問題。以史提夫爲例，他在成功挑戰二十二位數之後碰到障礙。他將二十二位數分成四組四位數（運用多種記憶法記下），加上最後面的一組六位數（他不斷默誦這組數字，直到可以藉由這些數字的聲音記住這六位數）。可是面對超過二十二位數的數字，史提夫卻束手無策，因爲當他試圖記憶五組四位數時，就會搞不清楚次序。後來，他想到可以同時運用三位數和四位數的數字群突破瓶頸，藉由將一整串數字分成四組四位數、四組三位數、一組六位數，最多記下了三十四位數。而一旦到達那個極限，史提夫便得想出新方法。這成了整個記憶力研究中一再重複的模式：進步到某個階段，史提夫停滯不前，於是開始思考有助於克服障礙的其他策略，找到之後便穩健前進，直到碰上另一個障礙。

克服障礙最理想的做法，就是以不同方式應對，因此老師或教練的指導助益匪淺，他們對於可能遭遇的困難再熟悉不過，能提出解決方案。

障礙有時也可能屬於心理層面。小提琴名師桃樂絲·迪蕾分享過，她的一名學生曾經向她請教該如何提升演奏某樂曲的速度，因爲他將於音樂節中演奏這首曲子，卻覺得自己拉得不夠快。她問道：「你想拉多快？」學生表示希望和聞名全球的小提琴家伊扎克·帕爾曼一樣快。於是，迪蕾先播放帕爾曼演奏同一曲目的音檔並計時，接著將節拍器調到偏慢，請學生以該速度演奏，是他能力所及的速度。她讓學生一再重複，每一回都將節拍器的速度調得快一些，學生也都穩穩跟上。那名學生最後一次完美無瑕地演奏完畢後，迪蕾讓他看節拍器的設定：他的速度其實超越了帕爾曼。

史提夫幾次遭遇障礙，認爲自己無法再進步時，比爾·查斯和我就運用了類似的方法。有一回，我僅稍微降低念出數字的速度，多出的時間就大幅提升了史提夫記憶數字的能力，他因此相信問題不在位數多寡，而是他登錄的速度——亦即找出記憶法來記住構成一整串數字的幾組數字——也因而相信只要可以更迅速地將數字轉爲長期記憶，便能不斷精進。

另一回，我念出的數字比他當時能背下的多了十位，他因爲記得其中大部分數字而出乎自己意料——尤其是，雖然不盡完美，但他記下的總位數打破他當時的紀錄。史提夫因此深信自己的確可能記得更長的數字，察覺到問題不在記憶力已達極限，而是因爲整串數字的其中一、兩組搞砸了。他判定關鍵在於要更謹愼地登錄一小群一小群數字，也的確又開始進步了。

想有所進步必定會碰到類似的障礙，看似不可能有進展，或至少不知該如何改善。這很正常，不正常的是一灘死水、完全停止的狀況，繞道而行、正面迎戰都不管用。這麼多年的研究生涯中，我發現一個人的表現到達不可改變的極限的機率微乎其微，多數都是半途而廢，不再激勵自己向前。

要提醒各位的是，雖然一直前行、一直進步絕對有可能，過程卻並不總是輕鬆、不費力。目標練習法要求的專注與努力是種苦功，一般來說並不有趣，這時就得談談動機了：爲什麼有人要採用這種練習法？他們是如何堅持不懈的？本書將多次探討這幾個重要問題。

史提夫之所以做得到，有幾個原因。第一，他有酬勞，不過他大可每次來參與實驗時都虛應故事，一樣有酬勞可領，可見這雖然是動機的一部分，卻不是全部。爲什麼這麼拚命督促自己進步？從他的言談中可知，頭幾回實驗有進展，記憶力的提升爲他帶來樂趣，所以想讓這種感受持續下去。此外，記憶能力強到某個程度後，也讓史提夫小有知名度，報章雜誌紛紛報導他的故事，他也上了《今日秀》等電視節目。這提供了另一種正面回饋。一般而言，有意義的正面回饋是維持動機的重要因素之一，可能是內在回饋（例如看見自己有進步而產生的滿足感），或是來自他人的外在回饋，但無論哪一種，都大幅影響一個人在採用目標練習法改善自身表現時能否持續不懈地努力。

另一個原因是史提夫喜歡自我挑戰，這一點從他跑步的紀錄便可看出來。認識他的人都會說他的確拚了命練習，但志不在贏，而是爲了自我精進。此外，多年的跑步經驗也讓他知道週復一週、月復一月的規律訓練是怎麼回事，以他經常一跑就是三小時來看，每週三次、每次一小時的記憶力訓練似乎不太可能特別令他卻步。與史提夫和其他幾位學生合作之後，我便特別注意要招募曾經長期接受運動、舞蹈、音樂或歌唱等訓練的受試者，結果，沒有一個人半途而廢。

目標練習法可以概括如下：設定清楚的目標和實現那些目標的計畫，並找出一個監測進步程度的方式，然後跨出舒適圈，專注地練習。喔，還要找出維持動機的方法。

這個「配方」對追求進步的人來說是個很好的開始，不過，這只是開始而已。

有目標的練習其實還不夠

史提夫參與了爲期兩年的記憶力研究，當他開始不斷打破自己的多位數記憶能力紀錄時，比爾·查斯和我決定再招募一位願意接受相同挑戰的受試者。我們都不相信史提夫記憶數字的能力是與生俱來，因此，假設他是憑藉訓練發展出相關技能，想要證明這一點，最好的方法就是再找一位受試者接受同樣的實驗，看看結果是否相同。

第一位志願者是名爲蕾妮·艾李歐的研究生。實驗開始前，她便知道之前參與實驗的人曾大幅提升記住的數字位數，因此知道有進步的可能，這一點史提夫在實驗一開始並不知曉。不過，蕾妮對史提夫的記憶策略毫不知情，所以必須自己摸索出辦法。

蕾妮一開始進步的速度與史提夫相當，經過五十小時左右的練習，便提升到可以記下近二十位數。但和史提夫不同的是，她在這個階段碰到障礙後便無法突破，再投注了五十小時仍毫無進展，於是蕾妮決定不再參與研究。她對數字的記憶力已大幅提升到遠超過任何未接受訓練的人，而且與一些記憶專家能力相當，可是仍遠遠不及史提夫的表現。

爲何有此差異？史提夫的成功可歸功於他發展出的一系列心智結構，包含幾種從跑步時間汲取而來的記憶法和一套記錄那些記憶法順序的系統。這一系列心智結構幫助他運用長期記憶避開短期記憶的限制，以記住一長串數字。例如當他聽到907這組數字，會將其化爲跑兩英里的好成績——9:07，或九分零七秒。如此一來，這就不再是必須靠短期記憶強記的隨機數字，而是自己已經熟悉的事物。稍後我們會發現，改善任何心智表現的關鍵，幾乎都在於**發展出能避免短期記憶的限制，以同時有效處理大量資訊的心智結構**。史提夫就是成功的例子。

蕾妮不知道史提夫的成功策略，發展出一套截然不同的數字記憶方式。史提夫主要以跑步時間來記住三、四位數的數字群，蕾妮則運用一組較複雜的記憶技巧，靠的是星期、日期和時間等。他們兩人之間有個關鍵差異：史提夫會**事先決定**以哪種模式記憶數字，然後將整串數字拆成三位數、四位數一組的數字群，加上最後面的一組四至六位數（他會一直在腦中複誦，直到記住這組數字的聲音）。比方說，他會將二十七位數分成三組四位數、三組三位數，加上最後面的一組六位數。我們稱這種事先設定的模式爲「提取結構」，史提夫因此能專注於分別記憶三位數、四位數的數字群，然後記住這每一組數字放在提取結構中的哪個地方。結果證明這項策略效果驚人，因爲它讓史提夫可以將每組三位數或四位數以跑步時間或其他記憶手段化爲長期記憶，等到最後要回想整串數字時才去提取出來。

相較之下，蕾妮的記憶方式是匆忙想出來的，依據聽到的數字**即時決定**採用哪種記憶法。如果是**4778245**，她會記成四月七日，一九七八年，兩點四十五分；若是**4778295**，就得記成四月七日，一九七八年，然後再用一個新日期——二月九日……蕾妮的方法不像史提夫的策略有一致性，所以無法成功突破二十位數。

有了這次的經驗，比爾和我決定再找一名受試者，並希望對方盡可能運用和史提夫相似的方法來記憶長串數字。我們找到達利歐·唐納德里，他是卡內基美隆長跑隊成員，也是和史提夫一同訓練的夥伴。史提夫告訴達利歐這個計畫正在找人長期參與記憶力訓練的研究，他一口答應了。

這次我們沒有讓達利歐自行摸索，而是請史提夫向他傳授自己如何登錄長串數字。達利歐有了這項優勢，果然一開始就比史提夫進步得快，經過短短幾回訓練就能挑戰二十位數，之後卻慢了下來。到了三十位數，史提夫的方法對達利歐似乎不再管用，表現停滯不前。於是，達利歐開始就史提夫的方法發展自己的策略，運用稍微不同的方式登錄三位數和四位數；更重要的是，他設計出一個迥異的提取結構，對他而言更管用。儘管如此，測試發現達利歐記憶數字時仰賴的心智運作過程，和史提夫發展出來的十分雷同，也就是利用長期記憶避開短期記憶的限制。幾年訓練下來，達利歐能夠記住長度超過一百位的數字，比史提夫多了大概二十位，而他當時也和之前的史提夫一樣，以這項獨特技能成爲世界頂尖。

我們可以從上述例子學到寶貴的一課：**儘管人通常可以透過專注練習、跨出舒適圈而進步到某個程度，想成功卻不僅於此**。努力是不夠的，將自己逼到極限也是，練習和訓練的其他面向同等重要，卻往往被忽略。

綜觀目前進行過相關研究的各個領域，提升能力最有效、最有用的練習和訓練方式，就是刻意練習。稍後會詳細說明，不過我們先來仔細檢視爲什麼這種正確的練習法能促成如此令人稱奇的進步。

第2章

駕馭大腦與身體的適應力

研究顯示，學習新技能相較於持續練習已習得的技能，更能使大腦產生結構性變化，但逼得太緊或時間過久，可能讓人筋疲力竭，導致學習效果低落。大腦和身體一樣，在被逼出舒適圈，但不是離開太遠時，改變最快。

喜歡健身或透過舉重鍛鍊肌肉的人都知道，想檢視努力的成果再簡單不過，用卷尺量量二頭肌、三頭肌、股四頭肌、胸肌、三角肌、背闊肌、斜方肌、腹肌、臀肌、大小腿肌就行，也可以望著鏡子一覽自己的進步。如果是藉由跑步、騎自行車或游泳增加耐力，可以測量心跳速率、呼吸，以及看看自己在乳酸累積導致肌肉疲憊前能撐多久，來追蹤自己進步的幅度。

心智挑戰卻截然不同。無論是想精通微積分、學習演奏某項樂器或說一種新語言，想觀察大腦因應負荷增加而出現的變化並不容易。辛苦訓練之後的隔天，腦皮質不會痠痛，不會因爲頭變大而得買新帽子，額頭也絕對不會練出六塊肌。正因爲無法得知腦中的變化，我們往往以爲沒有什麼改變。

然而，事實絕非如此。越來越多證據顯示，大腦的構造和功能會因應各種心智訓練而有所變化，很類似肌肉和心血管系統對體能訓練的反應。有了磁振造影等影像技術的幫助，神經學家開始研究具備特殊技能的人與沒有這些技能的人大腦有何不同，並探索什麼樣的訓練方式會造成什麼樣的改變。雖然這個領域還有許多未知，目前已知的卻足以讓我們清楚了解，有目標的練習和刻意練習是如何提升身體與心智能力，讓人有可能做到之前做不到的事。

我們對身體如何適應訓練的了解，多出自研究跑步、舉重等不同領域的運動員。有意思的是，至今所有針對大腦如何因應長期訓練的研究中，稱得上最理想的研究，其對象不同於一般相關研究會挑選的音樂家、棋士或數學家等典型人物，而是計程車司機。

倫敦計程車司機的大腦

世界上大概沒有一座城市能像倫敦一樣讓導航系統暈頭轉向。倫敦不像曼哈頓、巴黎或東京有容易辨識方向的街道網絡，整座城市的主要街道彼此以各種奇怪的角度相交，一條條彎曲難辨，單行道一大堆，沒幾步就有圓環和死巷，泰晤士河又穿越倫敦市中心，十幾座橋橫跨其上，在倫敦無論路途是長是短，大概難免會行經至少一座橋。而門牌編碼的奇特方式意味著就算找到正確的街道，也未必找得到目的地。

因此，遊客最好別想著要租一輛有導航系統的車，就交給當地的計程車運將吧。倫敦約有兩萬五千名計程車司機開著方方正正、彷彿汽車版舒適大鞋的黑色大車，十分擅長以最高效率讓你從甲地移動到乙地，不同可能路線的距離、當下的時間、可能的交通狀況、臨時施工和道路封閉等各項相關細節全部考量周全。出發地或目的地也未必得有制式地址，例如想要再去那家位於查令十字路上的酷炫帽子店，雖然店名想不太起來，好像是勞爾或李爾之類的，不過若還記得帽子店旁有一家杯子蛋糕店，計程車司機掌握這則資訊就綽綽有餘了。只要是汽車所能及，你就一定會到達新街二十三號上的「萊爾·倫敦」帽子店。

既然倫敦街道如此複雜難認，可想而知，計程車司機不是什麼人都能當的。想拿到倫敦的計程車駕駛執照，的確得通過一連串世界公認最困難的考試。辦理這項考試的倫敦交通局對計程車駕駛人必須習得的「交通知識」敘述如下：

欲達標準取得「全倫敦」計程車駕駛執照者必須具備充分知識，主要範圍為查令十字路周圍六英里內，必須認識：所有的街道、建築、公園和空地、政府機關和各部會、財務和商業中心、外交領事機構、市政廳會、註冊機關、醫院、宗教場所、體育場和休閒中心、航空公司辦公室、大眾交通工具車站、旅館、舞廳、劇院、電影院、博物館、藝廊、學校、學院和大學、警察局和總部大樓、民事／刑事／死因裁判法庭、監獄，以及遊客有興趣的任何地方。簡而言之，即任何乘客可能想要前往之處。

查令十字路周圍六英里內大約有兩萬五千條街道，想成爲計程車司機卻不能只熟悉街道和建築物，也得認識每個地標。二〇一四年某一期的《紐約時報雜誌》刊登了一則關於倫敦計程車司機的故事，裡面提到一名想成爲計程車司機的人被問到哪裡有一座上面有著兩隻老鼠和一塊起司的雕像，而這個所謂的「雕像」其實位在一棟建築物的門面上，不過一英尺高而已。

想成爲計程車司機，更重要的是必須展現如何在城市裡盡可能有效率地從甲地抵達乙地。考試中有一系列「行程測驗」，考官提出倫敦的兩個地點，應考人必須確切點出兩地所在，然後描述最理想的路線，依照行經順序一一說出街道名稱。應考人因提供行程的正確程度而得到相對分數，隨著分數累積，測驗難度加深，目的地越來越模糊，路線變得更長且複雜迂迴。一半以上的潛在計程車駕駛人中途放棄，堅持下去最後拿到執照的人則將倫敦完全內化，連有衛星影像、攝影車，以及驚人記憶體和處理能力的谷歌地圖恐怕都自嘆不如。

這些未來的計程車司機常被稱爲「交通知識公」，也有些「交通知識婆」，爲了成爲交通知識專家，在倫敦各地往返數年，記下地名、位置、路線。首先，未來的計程車司機要精通參考手冊中的三百二十條行程。針對某條行程，準備應試者多會先親自勘查不同的可能路線，找出最短的（通常會騎摩托車）；接著，會去探索出發地和目的地附近的區域——在每個地方周圍四分之一英里的範圍內遊走，記下該區域內有哪些建築物和地標。同樣的過程重複三百二十次之後，這些未來的計程車司機基本上已經累積了倫敦周遭三百二十條最佳路線，並探索過查令十字路周圍六英里內核心區域的每一片土地，且做了筆記。這只是個開始，優秀的準計程車司機會持續自我挑戰，針對許多參考手冊中未列出的行程找出最佳路線，就之前可能忽略或最近出現的建築物和地標勤做筆記。就算考試全數通過，執照到手，倫敦的計程車司機依然不斷更新、複習自己對倫敦大街小巷的認識。

如此造就出來的記憶力和導航技能自然十分驚人，倫敦計程車司機想當然也成爲對「學習」這個題目有興趣的心理學家不願錯過的研究對象，尤其是導航技能的學習。這些計程車司機最能告訴我們訓練如何影響大腦，而到目前爲止，針對這群人最深入的研究是由倫敦大學學院的神經學家愛蓮諾．馬奎爾進行的。

在一項發表於二〇〇〇年、以計程車司機爲對象的早期研究中，馬奎爾運用磁振造影技術觀察十六位男性計程車駕駛人的腦部，並與另外五十位年齡相近、職業不同的男性比較。她特別仔細觀察海馬迴，大腦的這個部位形狀類似海馬，且關係到記憶力的發展。人在導航和記憶物品位置時，海馬迴格外忙碌（人其實有兩個海馬迴，左右腦各一個）。例如，有些種類的鳥因爲會將食物儲存在不同地方而必須記得這些祕密位置，牠們的海馬迴就大過其他血緣相近但不在各處儲藏食物的鳥。更重要的是，某些種類的鳥海馬迴大小的彈性頗大，依據儲藏食物的習性不同，甚至可能擴大百分之三十。人類是否也有同樣的現象？

馬奎爾發現計程車司機的海馬迴後緣較對照組大，而且開計程車越久，海馬迴後緣越大。幾年後，馬奎爾進行了另一項研究，比較倫敦計程車司機和公車司機的大腦。兩者一樣整天開車在倫敦四處繞，不同之處在於公車司機的行駛路線一再重複，從來不必想出甲地到乙地的最佳路線。馬奎爾發現計程車司機的海馬迴後緣比公車司機的大出許多，這點清楚顯示海馬迴後緣大小與「開車」這件事本身並無關連，而是和駕駛工作所需的導航技能有關。

不過，還有一點令人存疑：說不定研究中的計程車司機海馬迴後緣本來就比較大，因此擁有在倫敦這個迷宮找路的優勢，考試不過是去蕪存菁。

馬奎爾以簡潔有力的方式解決這個問題：她追蹤一群潛在計程車駕駛人，期間從接受訓練的頭一天起，到通過考試成為合格計程車駕駛人或半途而廢轉行為止。她招募了七十九名剛開始接受訓練的潛在計程車駕駛人，全數為男性，另外又招募了年齡相近的三十一名男性作為對照組。掃描這些人的大腦之後發現，潛在計程車駕駛人和對照組的海馬迴後緣大小並無差異。

四年後，她再次去拜訪這兩組研究對象。那時，受訓的駕駛人中有四十一位拿到倫敦計程車司機執照，剩下的三十八人則中途放棄訓練或未能通過考試，因此得比較三組人：學到的倫敦街道相關知識使其足以通過一連串考試的新手計程車司機、沒能通過考試的受訓者，以及完全沒接受過訓練的人。馬奎爾再次掃描每一位的大腦，並一一測量其海馬迴後緣的大小。

測量的若是健身人士的二頭肌，結果也許可想而知，但馬奎爾測量的是大腦不同部位的大小，因此結果驚人。持續接受訓練、最終拿到計程車駕駛執照的人，海馬迴後緣增大許多；反觀，未能取得執照的受訓者（也許是因爲中途放棄訓練或沒有通過考試），以及從未接受過計程車駕駛訓練的人，海馬迴後緣大小毫無變化。爲了精通倫敦交通知識投注的幾年心力，的確擴大了大腦裡負責導航的部位。

馬奎爾於二〇一一年發表的這項研究也許是最引人注目的證據，說明**人類大腦會因爲密集訓練而成長**、**改變**。此外，從她的研究也可清楚看出，取得執照的計程車司機導航技能之所以提升，得歸功於海馬迴後緣新增的神經元和組織。你可以將倫敦計程車司機的海馬迴後緣想像成男性體操選手極度發達的肩膀和手臂，幾年來在吊環、鞍馬、雙槓、地板體操下的功夫，鍛鍊出可以在這些項目上完美運作的大塊肌肉，選手也因此可能做到訓練初期做不到的各項體操動作。計程車司機的海馬迴後緣同樣脹大了，只不過增大的是大腦組織，而非肌肉纖維。

大腦和身體一樣擁有驚人適應力

科學家大概到二十一世紀的頭十年才相信馬奎爾對倫敦計程車司機大腦的觀察可能屬實，在此之前，一般的看法是人一旦成年，大腦結構就大致固定了。當然在學習新事物時會有些小調整，不過只被視爲神經連結的增強或削弱，因爲大腦整體結構和其中的各種神經網絡都已成形。類似的看法還有個體間的能力差異主要源自大腦與生俱來的不同，學習只是一種發揮天生潛能的方式。大腦常被比喻爲電腦，學習就像載入資料或安裝新軟體，讓人能做到之前做不到的事，但最終表現必定受限於記憶體容量和中央處理器的運算能力等條件。

誠如之前提過的，相較之下，人們比較容易認可身體的適應力。伏地挺身是個好例子：體能不錯的二十幾歲男性也許可以做四、五十下，做到一百下就能讓朋友刮目相看，打賭的贏面也大。那麼猜猜看，伏地挺身的世界紀錄是幾下？五百？一千？一九八〇年，日本的吉田先生連續做了一萬零五百零七個，之後金氏世界紀錄不再認證毫不休息連續完成的伏地挺身，轉而採計二十四小時內做完的伏地挺身（可以休息）。目前這個項目的最高紀錄保持者是美國的查爾斯・瑟維吉歐，他一九九三年在二十一小時二十一分鐘內做了四萬六千零一下伏地挺身。

或者以引體向上（拉單槓）爲例。體能不錯的男性大概只能做十到十五下，持續鍛鍊的人也許可以到四、五十下，而二〇一四年，捷克的楊・卡爾斯卻在十二個小時內做了四千六百五十四下。

簡而言之，人類身體的適應力不可思議，不僅是身體肌肉，還包括心、肺、循環系統、能量儲存等許多牽涉到體能與耐力的層面。就算眞有極限，也沒有跡象顯示我們已經到達極限了。

而馬奎爾和其他人的相關研究都顯示，**大腦的適應力在程度和種類上與身體的非常相似。**

早期對這種適應力——神經學家也許會稱其爲「可塑性」——的觀察來自研究視障或聽障人士的大腦如何「重塑」自己，好爲腦中原本用來處理視覺或聽覺訊息的部位找到新用途。多數視障人士是因爲眼睛或視神經出問題才看不見，但大腦的視覺皮質和其他部分依然功能健全，只是無法透過眼睛獲得訊息。大腦的硬體設定若眞如電腦，這些視覺區域大概永遠派不上用場，但我們現在知道，大腦會爲一些神經元重新設定路線，讓原本荒廢的區域去做其他工作，尤其是與剩下的感官有關的工作（視障人士必須依靠這些正常感官了解周遭環境）。

舉例來說，視障人士閱讀時會用指尖掃過盲文字母的凸點，當研究人員利用磁振造影儀觀察視障受試者閱讀盲文的腦部變化時，發現腦中正在運作的部位便是視覺皮質。視覺正常人士的視覺皮質會對從雙眼、而不是從指尖輸入的訊息有所反應；視障人士的視覺皮質則會在手指觸摸盲文凸點時，轉譯來自指尖的感覺訊息。

有意思的是，**這樣的重新設定不只發生在原本荒廢的大腦區域，練習足夠的話，大腦也能指派新任務給已有其他工作的神經元**。一九九〇年代末期進行的一項實驗提供了令人信服的證據，該實驗的研究對象是盲文閱讀能力高超的人，觀察重點在於大腦中控制不同手指的部位。

這群研究對象使用三指法閱讀盲文，食指讀取的是組成不同字母的凸點排列，中指負責辨認出字母之間的空白，無名指則用來確保讀取的字位於同一行。一般的設定是不同的手指分別由不同的大腦部位負責，人因此能不靠視覺便知道現在碰到鉛筆或圖釘的是哪一根指頭。這項研究的對象是每天都以手指閱讀盲文數小時的盲文教師，而研究發現，如此長期使用這三根手指，讓分別負責這些指頭的區域不斷擴大，最後重疊在一起。因此，盲文教師的這幾根手指感覺格外敏銳，對於再微弱的觸碰，敏感度都遠超過視覺正常的受試者，卻往往無法分辨是三指中的哪一指被碰觸了。

上述針對視障人士大腦可塑性的研究，和以聽障人士爲對象的類似實驗，在在顯示大腦的結構與功能並未固定，會因應用法而改變。**你、我、任何人都可能透過有意識的**

刻意訓練形塑大腦。

學界這幾年才開始探索應用這種可塑性的各種方式，目前最引人矚目的成果與苦於老花眼的人息息相關，也就是會影響到幾乎每一個年過五十歲的人。這項研究由美國和以色列的神經學家及視力研究者共同進行，發表於二〇一二年。他們召集了一群中年志願者，每一位都不太能聚焦於近距離的物品。這種老花眼狀況源自眼睛本身的晶體失去彈性，使其較難聚焦以辨認出小細節，還可能因此不容易看出明暗區域間的對比，這又加重了聚焦難度。眼科醫師和眼鏡公司因此受益，五十歲以上的族群則深受其擾，幾乎每個人在閱讀或執行近距離工作時都須配戴眼鏡。

受試者應研究要求，連續三個月每週進實驗室約三次，每回訓練視力三十分鐘：在背景色調與目標物十分相似的情況下找出一個小圖像，因此必須聚精會神。隨著時間過去，受試者漸漸可以更快且更準確地找出那些圖像。三個月的訓練接近尾聲時，受試者再度接受視力測驗，結果發現，他們看得清的字母大小平均較訓練初期小了百分之六十，而且每個人的視力都改善了。不僅如此，訓練之後的每位受試者都可以不戴眼鏡看報紙，多數人之前可做不到，閱讀速度也變快許多。

令人意外的是，受試者視力的進步並非出自眼睛的改變（他們的眼睛還是像以前一樣缺乏彈性、難以聚焦），而是因爲大腦中轉譯來自眼睛的視覺訊號的部位出現變化。

雖然研究人員無法精準指出變化爲何，不過他們相信是大腦學會了爲影像「去模糊」。導致影像模糊的是兩種視力缺陷的結合——無法看見小細節和難以察覺對比——而腦中的影像處理過程有助於減輕這兩個問題，原理正如同電腦或相機中的影像處理軟體能利用調整明暗對比等技巧讓影像更清晰。研究人員相信，這項研究的訓練提升了受試者大腦的影像處理能力，儘管眼睛接收視覺訊號的能力並未改善，卻也能分辨小細節。

挑戰恆定性，迫使身體產生變化

人類身體和大腦的適應力究竟爲何這麼強？說來也妙，其實是因爲所有的細胞和組織都盡量維持不變。

身體喜歡穩定，維持著體內的恆溫，平穩的血壓、心跳，穩定的血糖濃度和酸鹼值，兩天之間的體重也不會相差太多。當然，這些指數不可能完全一成不變，例如脈搏的跳動會因運動加快，體重會因吃得過多或節食而有增減，不過這些多是暫時的改變，身體終究會回到原本的狀態。這就是所謂的「恆定性」，意指任何種類的系統——但通常是生物或生物的某個部分——維持自身穩定的傾向。

個別細胞也喜歡穩定，它們藉由控制哪些離子和分子留在細胞內、哪些要經由細胞膜出去，來維持某種程度的水分，並調節正負離子（尤其是鈉離子和鉀離子）與各種小分子的平衡。對我們而言更重要的是，細胞需要穩定的環境才能有效運作。周圍組織的溫度過高或過低、液體濃度超出合理範圍、氧氣濃度驟降，或是能量供給不足，都可能破壞細胞的運作。如果這些變化太大、持續太久，細胞便會開始死去。

正因如此，身體具備多種回饋機制以維持現狀。想想看，身體從事激烈活動時，肌肉纖維的收縮會讓個別肌肉細胞消耗能量和氧氣，於是就從附近的血管補充，但如此一來，血液中的氧氣濃度和能量就降低了，身體便需要採取各種因應措施——呼吸會變急促，以增加血液中的氧氣濃度並排出更多二氧化碳；儲藏起來的各種能量會轉換成肌肉可以使用的能量，進入血液中；同時，血液循環會加速，好讓氧氣和能量更快傳送到需要的身體部位。

活動若沒有激烈到影響身體的恆定機制，就不太會引起身體的變化。從身體的角度來看，既然一切運作正常，就沒有改變的必要。

但如果因為持續進行激烈活動，迫使身體超越恆定機制所能調節的極限，那就不一樣了。身體系統和細胞會發現自己處於非常狀態——氧氣和多種能量相關化合物（如葡萄糖、二磷酸腺苷、三磷酸腺苷）的濃度低得異常；許多細胞的新陳代謝無法如常運作，因此細胞內會出現幾種不同的生化反應，製造出與平常大不相同的生化物質。細胞對這種狀態的改變感到不滿，便從細胞的DNA召集一些不一樣的基因（DNA中的大多數基因平時並不活躍，細胞會視當下需求「打開」或「關閉」不同的基因）。這些新近被活化的基因會打開細胞內的多種生化系統，或使其加速，導致細胞的行爲改變，以回應細胞和周遭系統被逼出舒適圈這個事實。

面對這般壓力時，細胞內部的運作細節極度複雜，科學家也剛開始了解。例如一項以老鼠進行的實驗便發現，當老鼠後腿的某一塊肌肉負荷驟增，總共有一百一十二個不同的基因被活化。就這些被活化的基因來看，出現變化的有肌肉細胞的新陳代謝和結構，還有新肌肉形成的速度。這些改變最終使得老鼠的肌肉更強壯，以面對增加的負荷。老鼠被迫走出舒適圈，肌肉因此變得更強壯，以建立新的舒適圈，也重新建立恆定性。

這就是體能活動改變身體的一般模式：**身體的某個系統──例如某些肌肉或心血管系統──飽受負荷到無法維持恆定性，身體便會有所改變，以重建恆定性**。舉例來說，你展開一項有氧運動計畫，假設是每週跑步三次，每次跑半小時，心跳率維持在醫學上建議的最大心跳率的百分之七十（以年輕成人而言，大約是每分鐘跳一百四十多下）。這樣持續運動下去，供氧給腿部肌肉的微血管中的氧氣濃度會降低，身體因此增生新的微血管，以提供更多氧氣至腿部肌肉細胞，爲雙腿重建舒適圈。

想要掌握身體的恆定傾向以激發改變，可以這麼做：鍛鍊的難度夠大、時間夠久，身體便會有所改變，好讓挑戰變得輕鬆些。你可能會覺得自己變強壯了，耐力、協調性也變好。不過得注意一個問題：代償性變化發生後，例如長出新的肌肉纖維且變得更有效率、長出新的微血管等，身體便能應付先前覺得困難的體能活動，於是又覺得舒適了，不再有所變化。為了持續改變，就得不斷付出，跑得更遠、更快、更努力。若不持續逼迫自己，身體就會安於當下的恆定狀態（儘管是和之前不同程度的恆定狀態），不再進步。

這就是為什麼要待在舒適圈外面：**你必須不斷挑戰極限，好讓身體一直發生代償性變化，但若把自己逼得離舒適圈太遠，又可能造成傷害，反而導致退步。**

以上是身體對體能活動的反應，而科學家對大腦如何改變以因應心智挑戰的了解則少得多。身體和大腦有個很大的不同：成人大腦的細胞通常不會再分裂，以形成新的腦細胞，雖然也有例外，像海馬迴就會產生新的神經元，但大腦多數區域面對心智挑戰時（比如為了改善視力而訓練辨認對比度），雖然會發生變化，卻不會產生新的神經元。**大腦會以許多方式重塑神經網絡**，例如加強或削弱神經元之間的連結，以及產生新連結或去除舊連結等。有時髓鞘的數量會增加（髓鞘是包裹著神經細胞的絕緣層，可讓神經訊號傳送得更快），而髓鞘化會提升神經脈衝的傳導速度到十倍快。因為這些神經網絡負責思考、記憶、控制動作、轉譯感官訊號，以及其他所有大腦功能，重塑這些網絡並使其加速能讓一個人有可能做到許多之前做不到的事，例如不戴眼鏡看報，或是迅速決定甲地到乙地的最佳路線。

大腦接受的挑戰越艱鉅，改變越大——在某種程度上。最近的研究顯示，學習新技能相較於持續練習已習得的技能，更能使大腦產生結構性變化，但逼得太緊或時間過久，可能讓人筋疲力竭，導致學習效果低落。**大腦和身體一樣，在被逼出舒適圈，但不是離開太遠時，改變最快。**

透過長期訓練塑造大腦

人的大腦與身體面對挑戰會發展出新技能，這就是爲何有目標的練習和刻意練習能奏效。倫敦計程車司機、奧運體操選手或音樂學院的小提琴家接受的訓練，基本上都是在駕馭大腦和身體的適應力，以發展出原本沒有的能力。

音樂能力的發展是最好的例子。研究大腦的科學家過去二十年鉅細靡遺地觀察音樂訓練對大腦的影響，以及這些影響如何回過頭來造就非凡的音樂表現。最廣爲人知的研究發表於一九九五年的《科學》期刊，阿拉巴馬大學伯明罕分校的心理學家愛德華・陶布與四位德國科學家合作，招募了六名小提琴家、兩名大提琴家及一名吉他手（全是右撇子），讓這群音樂家接受腦部掃描。研究團隊另外招募了六名非音樂家作爲對照組，陶布想要看看兩組受試者腦部負責控制手指的區域是否有任何不同。

陶布對音樂家的左手手指特別好奇。演奏小提琴、大提琴或吉他需要有控制這些指頭的卓越能力，手指在這些樂器琴頭上的各條弦之間上下來回，速度有時飛快無比，位置的準確度卻絲毫不容妥協。此外，如抖音這種必須悉心演奏樂器才發得出來的聲音，得靠手指在一個定位滑動或抖動，一般而言需要大量練習才能精通。左手大拇指的責任較輕，主要是按在琴頭後方施壓；右手相較於左手則輕鬆許多，小提琴家和大提琴家的右手用來拉弓，彈奏吉他時右手的工作則是撥琴弦。總之，多數弦樂器演奏訓練的重點都在加強對左手手指的掌控，陶布想了解這種訓練對大腦的影響。

陶布的團隊利用腦磁波儀這種透過偵測腦中的微弱磁場來記錄大腦活動的機器，了解受試者腦中哪些區域控制的是哪幾根手指。研究人員一根根碰觸受試者的指頭，觀察其大腦的哪些部位對每一次的碰觸有反應。實驗發現，兩組受試者中，音樂家腦部控制左手的區域明顯大於非音樂家，腦中控制手指的區域甚至接管了一部分通常負責控制手掌的區域，而且開始演奏樂器的年齡越小，擴張得越大。相較之下，研究並未發現音樂家與非音樂家腦部掌控右手手指的區域有大小差異。

其中的含意很清楚：練習演奏弦樂器多年使得腦部掌控左手手指的區域逐漸擴大，讓音樂家控制這些指頭的能力更高超。

這項研究發表至今的二十多年間，其他學者詳細說明其實驗結果，描述了音樂訓練影響大腦結構和功能的多種方式。例如，小腦在控制動作方面扮演舉足輕重的角色，音樂家的小腦就大於非音樂家，且音樂家投注的訓練時間越長，小腦越大。而相較於非音樂家，音樂家腦皮質許多區域的灰質（含有神經元的腦部組織）較多，例如體感覺區（觸覺和其他感覺）、上頂葉皮質區（來自雙手的感覺）和前運動皮質（在空間中規畫與引導動作）。

哪個大腦區域會發生何種變化，這樣的細節對沒有神經科學背景的人而言可能很嚇人，但整體概念很清楚：音樂訓練以多種方式改變了大腦的結構和功能，因而提升了音樂演奏能力。換言之，效果最佳的練習方式不僅能讓你學會演奏樂器，還可以精進演奏**能力**。這種練習不僅改變了與演奏音樂相關的大腦區域，在某種意義上也提升了個人的音樂「天賦」。

儘管音樂領域之外這樣的研究比較少，但在其他領域進行過的所有研究結果都相同：**長期訓練會導致與正在培養的技能相關的大腦部位產生變化**。

其中有些研究完全聚焦於數學能力這類與智力相關的技能。例如，數學家下頂葉中的灰質明顯比非數學家多，大腦的這個部分涉及數學運算，以及將物體在空間中視覺化，對數學的許多領域而言很重要。神經學家研究愛因斯坦的大腦時也對這個部位感到驚奇，他們發現愛因斯坦的下頂葉明顯大於常人，形狀也很特殊，於是推測愛因斯坦的下頂葉在他的抽象數學思考能力上扮演重要角色。有沒有可能像愛因斯坦這樣的人生來下頂葉就大於常人，所以天生擅長數學思考？你也許會這樣想，不過研究數學家和非數學家下頂葉大小的學者發現，當數學家越久，右下頂葉裡的灰質越多，這意味著尺寸變大是長期進行數學思考的結果，並非與生俱來。

有些研究針對的技能則涵蓋心智和身體層面，例如音樂演奏。最近的一項研究比較了滑翔機飛行員與非飛行員的大腦，發現飛行員大腦好幾個不同區域的灰質都比較多，包括左腹側前運動皮質、前扣帶迴皮質，以及輔助眼動區。這些區域似乎涉及幾項能力，例如學習控制滑翔機的操縱桿、在以身體平衡訊號指示飛行方向時比較接收到的視覺訊號，以及控制眼睛活動。

就算是游泳或體操等一般被視爲單純「身體技能」的活動，大腦也在其中扮演重要角色，因爲這些活動必須要能徹底控制身體的動作。研究也發現，練習會爲腦部帶來改變，例如皮質厚度可以用來測量腦部某區域的灰質多寡，而跳水選手相較於非跳水選手，腦部有三處的皮質較厚，這些區域都影響了對身體動作的視覺化與控制。

儘管每項技能背後的具體細節各不相同，整體模式卻是一致的：規律的訓練使得大腦中被訓練刺激的部位出現變化，大腦因爲這些刺激重塑自己，好提升能力來配合訓練需求。研究訓練對大腦的影響可以歸結出這項基本訊息，不過還有幾個值得注意的細節。

第一，訓練對大腦的影響因**年齡**而異。兒童和青少年大腦的適應力比成年人好，所以，同樣的訓練用在年齡越低的人身上效果越好。年輕的大腦正在朝各個不同方向發展，因此幼年接受的訓練實際上可以引導之後發展的路線，造成重大改變。這就是「彎枝效應」：如果將細小的嫩枝稍微朝正常生長的反方向彎曲，會大大改變那嫩枝最後長成的位置；對已經長好的樹枝施力，效果則有限。

以成年鋼琴家爲例，他們大腦幾個區域中的白質通常多於非音樂家，差別完全取決於小時候的練習時間多寡。孩童時期越早開始接觸鋼琴，那位鋼琴家成年後的白質越多。長大後才學彈鋼琴當然可以，但產生的白質數量絕對不及孩童時期就開始學琴。目前還不知道這項發現的實際影響，但一般而言，白質越多，神經訊號傳送的速度越快，因此小時候就開始練琴帶來的神經系統優勢，恐怕是成年後學琴難以企及的。

第二個值得注意的細節是：透過長期訓練開發大腦的某些區域也許有副作用。許多實例指出，一個人的某項技能發展到極致時，另一個領域的表現往往會**倒退**。馬奎爾針對倫敦計程車司機的研究提供了佐證：四年後，那些接受訓練的駕駛人有的修完課程並成爲合格的計程車司機，有些則放棄了，馬奎爾用兩種方式測試那些受試者的記憶力。第一種測試與許多倫敦地標的位置相關，拿到執照的司機表現得較其他受試者理想許多。第二種則是測試空間記憶的標準測驗，測試受試者看過一張複雜圖表三十分鐘後能記得多少，而有執照司機的表現遠不及從未接受計程車司機訓練的人；相較之下，中途放棄受訓的駕駛人表現得則和從未接受訓練的人差不多。既然三組受試者四年前在這項記憶力測驗的結果相似，唯一的解釋便是拿到執照的計程車司機因爲對倫敦街道的記憶不斷擴張，排擠到另外一種記憶力。儘管目前無法得知原因爲何，不過如此密集的訓練很可能使大腦逐漸投注更多在特定的記憶力上，能分配給其他種記憶力的灰質自然較少。

最後一點是訓練得來的認知和身體上的改變需要**努力維持**，一旦停止練習，便會逐漸消失。太空人在無重力的太空待上數個月，回到地球上會覺得寸步難行。運動員若因爲骨折或韌帶斷裂必須停止訓練，無法鍛鍊的肢體力量和耐力會銳減。曾經有運動員自願爲了研究臥床約一個月，結果力量漸弱、速度減慢、耐力變差。

大腦其實沒有兩樣。馬奎爾研究一群退休的倫敦計程車司機，發現他們海馬迴後緣中的灰質比還在執業的計程車司機少，但依然多過從未以駕駛計程車爲業的退休人士。

這些計程車司機只要不再天天使用自己的導航記憶力，曾經因此引發的大腦變化就會開始消失。

不只發揮潛能，還要打造潛能

了解大腦和身體的適應力使我們對人類的潛能有了截然不同的看法，也導向一種完全不同的學習方式。

試想，多數人在生活中面臨的體能挑戰有限，多是坐在辦公桌前，就算有走動的機會，量也不大，不須跑跑跳跳、搬舉重物或遠距離丟甩物品，也無須費力維持平衡和協調。因此，多數人適應了低水平的體能，雖然足以應付日常活動所需，週末爬爬山、騎自行車、打高爾夫球或網球也不成問題，但體能水準和專業訓練出來的運動員有天壤之別。「正常」人無法在五分鐘內跑完一英里或一小時內跑完十英里，沒辦法將棒球丟得三百英尺遠，打高爾夫球不可能打出三百碼，也沒辦法在跳水時反身翻騰三周、穿著溜冰鞋做出三周半跳，或是在地板體操項目來個三圈後空翻。這些身體技能需要的練習量遠多於大部分人願意付出的，但是（這個「但是」很重要），這些也都是**可以**發展、培養出來的能力，因爲人的身體對訓練的適應力和反應都很好。多數人不具備這些非凡身體技能並非因爲沒有能力，而是因爲滿足於恆定性的安穩，不想費功夫離開舒適圈，抱著「夠好了」的念頭過日子。

我們進行的所有心智活動也是一樣的。無論是撰寫報告、開車、教書、管理組織、賣房子或進行腦部手術，所學都足以應付每天的生活，而一旦到達這個程度，就鮮少督促自己超越「夠好」，沒有讓大腦面對足夠的挑戰，好產生新的灰質或白質，也不像以成爲倫敦計程車司機爲目標的人或主攻小提琴的學生一般能讓大腦全面重塑。當然，多數人的生活都沒有問題，「夠好」一般來說就夠了，但千萬記住還有「另一條路」。如果希望自己在某件事情上有顯著進步，絕對辦得到。

傳統學習法和有目標的練習或刻意練習有個關鍵差異：傳統學習法的設計不是要挑戰恆定性。不管有意或無意，這種方法假設學習關乎發揮**固有潛能**，你可以在不離開舒適圈太遠的情況下發展出某種技能或能力。從這個觀點來看，所有的練習——事實上是你所能做的——就是發揮固有的潛能。

刻意練習的目標卻不僅是發揮潛能，還要打造潛能，做到以前做不到的事。於是，恆定性遭受挑戰，你得離開舒適圈，迫使大腦或身體去適應。不過一旦做到了，學習就不再只是一個實踐某種遺傳命運的方式，而成了按照自己的選擇掌控個人命運與打造潛能的方法。

顯然，接下來的問題是：挑戰恆定性和發展潛能最好的方法是什麼？本書會以很大的篇幅回答這個問題，不過在那之前得先探討本章提過的一個疑問：我們究竟試圖改善大腦的什麼？改善身體技能的方法清楚易懂，肌肉纖維越多、越大，就越強壯；改善肌力、肺活量、心臟輸送血液的能力及循環系統，耐力自然增加。但訓練目標若是想成為音樂家、數學家、計程車司機或外科醫師，大腦有何變化？

令人意想不到的是，這些領域有個共同點，了解之後就能知道人們如何在任何與心智相關的人類表現領域發展出超凡能力——而且仔細想想，其實所有領域都有心智成分。接下來就讓我們一探究竟。

第3章

心智表徵

在任何領域中，技能和心智表徵之間都是良性循環：技能越高超，心智表徵越成熟；心智表徵發展得越完善，就能以更有效的練習方式精進技能。

一九二四年四月二十七日下午快兩點時，俄羅斯的西洋棋特級大師亞歷山大．亞列亨在紐約市阿拉馬可飯店一個大房間裡的舒適皮椅上坐下來，準備迎戰當地最優秀的二十六位棋士。挑戰者坐在亞列亨身後的兩張長桌旁，每個人面前都準備好棋盤，要和亞列亨一較高下。不過，亞列亨一張棋盤都看不到，每回某個棋士走了一步，便有通報人員高聲念出棋盤號碼及該棋士的走法，讓亞列亨聽到；而當亞列亨表示要如何回應之後，通報人員便會替他在對應的棋盤上走那一步。

在必須考量二十六張棋盤、八百三十二個棋子及一千六百六十四個方格的情況下，亞列亨不靠筆記或其他輔助記憶的工具，毫無困難地下了十二個多小時的棋，只短暫休息一下吃個晚餐，在隔天凌晨兩點多下完最後一盤棋。他總共贏了十六盤，輸了五盤，另外五盤平手。

棋士之一（有時是雙方）看不見棋盤，必須單憑記憶出手的棋賽，稱爲「盲棋」或蒙眼棋，不過棋士未必眞的都將雙眼蒙住。西洋棋大師下盲棋有超過一千年的歷史，大多有些作秀成分，但有時面對棋藝不及自己的對手，也會如此讓步。歷史上一些大師甚至曾經同時與二、三或四位對手下盲棋，但直到十九世紀末葉，幾位特級大師才開始眞正嚴肅看待這件事，同時迎戰十幾位對手。目前的最高紀錄是德國的馬可．朗於二〇一一年創下的，他同時下四十六盤，贏了二十五盤，輸了兩盤，十九盤平手。然而，亞列亨於一九二四年下的同步盲棋，一般仍被視爲最令人印象深刻，因爲對手個個實力堅強，在這般強大的挑戰中可以贏那麼多盤，令人稱奇。

對於有目標的練習可能造就些什麼，盲棋稱得上是非常戲劇性的例子。稍加認識盲棋，有助於了解這種練習方式帶來的神經系統變化。

誤打誤撞成為盲棋大師

雖然亞列亨甚早就對盲棋有興趣，十二歲便下了人生第一場盲棋，畢生的訓練絕大部分仍投注於西洋棋本身，而非盲棋。

亞列亨生於一八九二年十月，七歲開始下棋，十歲便參加通訊棋賽，就算在學校上課也幾乎整天都在仔細分析戰況。因爲學校不准學生帶棋盤，亞列亨便將研究中的棋局寫在紙上，在學校費心推敲。有一回上代數課時，他忽然站了起來，臉上帶著大大的笑容。「你解開啦？」老師指的是全班同學正在研究的代數題目。亞列亨答道：「是的，我犧牲了騎士，移動了主教……然後白棋就贏了！」

他大約是在開始參加通訊棋賽時發展出對盲棋的興趣。一九〇二年，美國西洋棋冠軍哈利．尼爾森．皮爾斯貝利在莫斯科舉辦一場表演賽，因爲同時下二十二盤棋而創下世界紀錄，激起亞列亨對盲棋的興趣。亞列亨後來曾表示，他哥哥亞力塞是皮爾斯貝利當天的對手之一。雖然那場比賽的現有資料未能顯示亞力塞確實有參加，不過那場表演賽深深烙印在亞列亨年幼的心中，約兩年後，他也開始嘗試盲棋。他之後曾在書中寫道，這等於是自己在課堂上思索棋局這個習慣的自然發展。一開始他會畫下棋局，然後利用畫出的棋局找出最佳策略，但最後他發現，沒有棋局圖也能研究棋局，因爲他可以記住整張棋盤，在腦中嘗試以不同走法移動棋子。

亞列亨逐漸進步到不看棋盤也能在腦中下一整盤棋，而且隨著年紀漸長，也開始像當初的皮爾斯貝利一樣同時下好幾盤盲棋，十六歲時已經可以同時下四、五盤，不過並未繼續在這方面精進，而是專注於提升一般比賽的棋藝。到了這個階段，亞列亨清楚知道，只要下足功夫，他有可能成爲世界上最好的棋士之一，而一向對自身棋藝很有信心的他認爲自己不應該滿足於「之一」，而要著眼於成爲「最好」的棋士，也就是世界西洋棋冠軍。

亞列亨順利朝這個目標邁進，然後，第一次世界大戰爆發了，戰爭的干擾讓他重燃對盲棋的興趣。一九一四年八月初，亞列亨和其他許多西洋棋大師在柏林參加一場重要巡迴賽時，德國對俄羅斯和法國宣戰，許多國際棋士被拘留，亞列亨與其他幾位俄羅斯的傑出棋士關在一起，但沒有棋盤。他於一個多月後才被釋放回俄羅斯，在此之前，這些西洋棋大師靠著下盲棋消磨時間。

一回到俄羅斯，亞列亨便加入紅十字會，服務於奧地利前線的某個單位，但一九一六年他遭受嚴重的脊椎創傷，被奧地利人俘虜。躺在病床上好幾個月等待背部痊癒的他行動受到枷鎖限制，只能再次以西洋棋自娛。他請人找了當地幾位棋士來對弈，也許是那些對手棋藝不及他，為了讓步，那段時間他經常下盲棋。回到俄羅斯後，亞列亨又將盲棋擱在一旁，直到一九二一年移居巴黎才重拾興趣。

當時的亞列亨積極為登上世界西洋棋冠軍寶座而努力，需要能讓他過關斬將的好方法。他的選擇不多，舉辦表演賽是選項之一，於是開始表演同步下盲棋。在第一場於巴黎舉辦的賽事中，他一人迎戰十二位棋士，比之前對戰過的多出三、四位。一九二三年年末，他人在蒙特婁，決定嘗試挑戰北美同步盲棋賽紀錄。當時的北美紀錄是皮爾斯貝利創下的一對二十，亞列亨便挑戰一對二十一。成功之後，他決心改寫當時一對二十五的世界紀錄，才有了在阿拉馬可飯店舉辦的那場比賽。接下來幾年，亞列亨兩次創下世界紀錄，一九二五年成功挑戰一對二十八，一九三三年則是一對三十二。然而亞列亨一再表示，盲棋不過是吸引大眾關注西洋棋賽的手法，也是一種自我宣傳。儘管他從未費心鑽研盲棋，但成為世界第一的目標激勵他在西洋棋上努力不懈，自然發展出了盲棋棋藝。

亞列亨在一九二七年擊敗荷西．勞爾．卡帕布蘭卡，終於實現成爲世界冠軍的目標。冠軍頭銜直到一九三五年才易主，而一九三七至一九四六年，亞列亨再度占據冠軍寶座。此外，在衆多排名中，他也被列爲史上十大棋士之一。儘管盲棋從來不是亞列亨努力的重心，但在盲棋的歷史排名中，他的名字通常都被列在最前面。

縱觀盲棋歷史，便會發現史上多數盲棋高手的情況都和亞列亨差不多：原本的目標是成爲西洋棋大師，卻幾乎不費吹灰之力便馳騁於盲棋的世界。

這麼多西洋棋大師都發展出下盲棋的能力，乍看之下似乎只是西洋棋史上一個有趣的現象，但仔細觀察便會發現，這之間的關連其實提示了讓西洋棋大師優於初學者的特殊心智運作過程，高手們因此可以分析棋局，集中精力找出最佳走法。此外，這種高度發展的心智運作過程在每個領域的頂尖專家身上都看得見，是了解他們非凡能力的關鍵。

不過，在深入探索之前，我們先稍微離開一下，仔細檢視西洋棋專家如何記憶棋子在棋盤上的分布。

高手比初學者強在哪裡？

一九七〇年代初期，有學者試著了解西洋棋特級大師究竟是如何這般精準記下各個棋局的。最早的研究由我的恩師赫伯．賽門與比爾．查斯一同進行，比爾後來和我合作了史提夫．法隆的數字記憶研究。

當時大家已經知道，只要給這些特級大師短短幾秒鐘研究進行中的棋局，他們就能準確記下多數棋子的位置，並近乎完美地重現棋局中幾個關鍵區域。這項能力似乎違背了大家對短期記憶限制的認識。相較之下，剛開始下棋的新手最多只能記下幾個棋子的位置，更別說重現棋局中的棋子分布。

赫伯和比爾提出一個簡單的問題：這些西洋棋專家記得的是各個棋子的位置，或者，他們記住的其實是模式，棋子被視爲一個更大整體的一部分？爲了找出答案，赫伯和比爾進行了簡單卻有效的實驗，以兩種棋局分別測試國家級（例如大師級棋士）、中階和新進棋士——一種棋局中的棋子是根據某場眞實棋賽的模式安排，另一種棋局的棋子則以毫無意義的方式隨機亂擺。

面對棋賽中段或尾聲時棋盤剩十幾、二十幾個棋子的棋局，大師研究五秒後就能記下約三分之二的棋子位置，新手大概只能記下四個，中階棋士的表現則在兩者之間；棋盤上的棋子若是隨意亂放，新手的表現更是糟到只能正確記住約兩個棋子，這在意料之中，令人意外的是中階棋士或大師面對這種隨機擺放的棋子，記得的沒有比新手多，也只能正確記住兩、三個棋子的位置，下棋的經驗毫無幫助。近期一些研究以更多棋士爲對象，結果也與最初的發現一致。

語文記憶的情形也十分類似。如果要人從頭逐字記住看似隨機湊出的一串文字，例如「正聞起來前面他的花生他香飢餓吃著幾乎女子好無法到他克制」，一般人只能記住前六個字。不過，一模一樣的字若是重新排列成含意清楚的句子——「他前面的女子正吃著花生，聞起來香到他幾乎無法克制他的飢餓」——有些成人可以一字不差地記住整個句子，多數人也能記得大部分。差異何在？第二個句子的文字安排有意義，讓人可以運用既有的「心智表徵」（注：心智所能處理訊息之內在描述）來理解。那些文字並非隨機排列，是有意義的，而**意義有助於記憶**。同理，西洋棋大師並未發展出驚人的記憶力來記住棋盤上每個棋子的位置，必須靠情境記憶，也就是依靠正常棋賽中會出現的種種**模式**。

這種認出並記住有意義模式的能力，來自棋士發展自身能力的方式。任何一個認眞想要培養棋藝的人，往往會花無數時間研究大師下過的棋，深入分析棋子的位置，預測下一步，如果猜錯了，就回頭想想自己漏掉了什麼。研究顯示，**影響棋士能力最關鍵的因素，在於花多少時間像這樣分析棋局，而不在與其他棋士切磋的時間多寡**。要達到特級大師的水準，通常得花十年做這樣的練習。

多年的練習讓棋士有可能一眼認出棋子的分布模式，不只是棋子的位置，還有棋子間的互動。他們就像老朋友。比爾和赫伯把這一個個的模式稱為「模式塊」，重要的是，這些模式塊已經儲存於**長期記憶**中。

依據赫伯的估計，一位棋士成為大師時腦中大約已經儲存了五萬塊模式。檢視一個棋局時，大師看見的是一批模式塊正以其他模式與其他模式塊互動。研究顯示，這些模式塊由易至難向上排列，排列方式類似企業或其他大型機構的組織架構，個人組成團隊，團隊構成單位，單位結合成部門等等，越高層的越抽象，而且離真正採取行動的底層越遠（以西洋棋來看，所謂的底層就是各個棋子）。

特級大師掌握和理解棋局的方式，正是「心智表徵」的實例。這是他們「看」棋的方法，和新手截然不同。

問特級大師在腦中檢視棋局時看見了什麼，他們不會說自己是將棋盤上棋子的實際位置視覺化，彷彿他們是依靠「照相式記憶」記住棋子的位置。這種是「底層」表徵。相反地，他們的回答很含糊，三不五時提到「線路」「運子」之類的詞，這些表徵厲害之處在於它們能讓棋士以更有效的方式登錄棋子所在位置，而非強記哪顆棋子在哪個方格上。西洋棋大師憑藉這種有效率的登錄訊息方式，看一眼棋盤便能記住多數棋子的位置，甚至可以下盲棋。

這些表徵還有兩個特點值得一提，因爲我們之後在探討更廣泛的心智表徵時，以這兩個特點爲例的主題會一再出現。

第一，心智表徵不只是登錄棋子位置的方法，西洋棋大師更是可以運用心智表徵一瞥進行中的棋賽便立刻察覺哪一方占優勢、棋賽的走向爲何，以及怎樣走才能取勝。因爲除了棋子的位置和彼此之間的關係，表徵也讓大師可以洞悉兩位棋士在棋盤上的種種優勢和劣勢，以及在那個棋局中可能有效的棋步。一項讓人清楚看出特級大師優於新手或中階棋士的能力是：大師初次檢視某個棋局，便能想出精妙得多的可能走法。

第二，儘管西洋棋大師剛開始會以一般模式分析棋局——對手棋藝若不及自己，用這一招便綽綽有餘——但心智表徵可以讓他們將注意力集中於個別棋子，在腦中將棋子於棋盤上四處挪移，藉此一探不同走法會爲模式帶來何種變化，因此能夠迅速仔細檢視一連串可能的棋步和反擊手段，找出最可能致勝的走法。簡而言之，心智表徵讓大師可以看見新手看不見的「一片樹林」，必要時又能讓他們聚焦於「一棵棵樹木」。

心智表徵是什麼？

心智表徵不只適用於棋藝，你我時時刻刻都在運用。心智表徵是一種心智結構，對應著某物品、某概念、一系列資訊，或是任何出現於腦中的具體或抽象事物。以視覺意象爲例，一提到〈蒙娜麗莎的微笑〉，許多人立刻在心中「看見」那幅畫的影像，浮現的影像便是他們對〈蒙娜麗莎的微笑〉的心智表徵。有些人的表徵比較細膩、精確，例如可以說出背景細節、蒙娜麗莎坐在何處、髮型和眉型等。

文字則是較爲複雜的心智表徵。以「狗」這個字爲例，假設你從來沒聽過或看過狗（也許是因爲在荒島這種與世隔絕的地方長大，環境中沒有任何四條腿的動物，只有鳥、魚和昆蟲），第一次接觸「狗」這個概念時，它就是個孤立的資訊，「狗」這個字對你沒有太多意義，僅僅標記著一大堆不連貫的片段知識：狗毛茸茸的、有四條腿、喜歡吃肉、通常成群奔跑、小小狗被稱爲幼犬、可以接受訓練等。然而，隨著你和狗相處的時間增加，對狗的了解加深，上述資訊便整合成一個全面的概念，以「狗」一字爲代表。現在聽到這個字，你不必特別在記憶庫中搜尋才能想起與狗相關的種種細節，那些資訊反而會立刻出現。你不僅將「狗」加進自己的詞彙中，也放進了你的一組心智表徵裡。

刻意練習講求的正是發展出種種更高效率的心智表徵，讓你可以運用於你正在練習的任何活動中。史提夫·法隆接受長串數字記憶訓練時，發展出日益精細的方法來登錄數字，也就是建立了心智表徵；倫敦計程車司機受訓者藉由在心中勾勒出越來越精細的市區地圖——亦即建立心智表徵——學習在市內任兩地之間有效率地移動。

就算正在練習的技能主要是身體層面，發展出適當的心智表徵仍是進步的一大因素。以跳水選手為例，練習新動作時，多聚焦於在心中清楚看見那個動作每一秒該呈現什麼模樣，更重要的是，在身體的擺位和動量方面該有何種感覺。當然，刻意練習也會使跳水選手的身體產生變化，腿部、腹部肌肉、背部、肩膀等身體部位各有發展，但如果沒有必要的心智表徵來正確產生並控制身體動作，身體上的變化也沒有用處。

心智表徵的一項重要特色是「領域限定性」，也就是只適用於正在培養的技能。以史提夫．法隆為例，他為記憶長串數字發展出來的心智表徵，對記憶長串字母毫無幫助；同理，棋士的心智表徵無法讓他在一般的視覺空間能力測驗中更具優勢，跳水選手的心智表徵也無法用在籃球場上。

這大致說明了專家級表現的一項重要事實：所謂「通用技能」並不存在。「記憶力」本身訓練不來，能訓練的是記憶長串數字、大量字彙或人的臉孔的能力；不能以成為「運動員」為訓練目標，而是要受訓成為體操、短跑、馬拉松、游泳或籃球運動員；不能說要受訓成為「醫生」，而是要透過訓練成為小兒科醫師、病理科醫師或神經外科醫師。有些人的確成為全方位的記憶專家，也有精通多項運動的運動員或具備廣泛技能的醫生，不過這些人都接受了不同領域的訓練。

由於各領域心智表徵的細節可能有天壤之別，要提出不過於籠統又能一體適用的定義並不容易，但本質上，這些表徵是既有的資訊模式，可能是某些事實、影像、規則、關係等，儲存於長期記憶中，而且在某些種類的情境裡可以用來迅速有效地回應。所有心智表徵的共同點是：**儘管短期記憶有其限制，人卻能運用心智表徵快速處理大量資訊**。事實上，心智表徵可被定義為一種概念結構，目的是避開短期記憶對心智運作過程的限制。

最好的例子是史提夫．法隆記住八十二位數的能力，如果只仰賴短期記憶，他大概只能記下七、八位數。史提夫將聽到的長串數字每三或四位數分為一組，轉為他長期記憶中有意義的記憶，接著將這些記憶與提取結構連結起來，便能記住各組數字的順序。想要做到以上這一切，他需要心智表徵，不僅為了記住三、四位數的數字群，也為了提取結構本身——他將提取結構想像成一棵平面的樹，每根樹枝的枝頭上掛著三位數和四位數的數字群。

不過，記住一連串事物大概是短期記憶如何應用在生活中最簡單的例子。我們經常必須同時抓住並處理許多資訊：釐清語句含意的同時得記住當中的字彙、棋盤上棋子的位置，或是開車時必須考量的各種不同因素，例如車速和動量、其他車輛的位置和速度、路況和能見度、踩油門或煞車時腳該放在哪裡、該踩得多用力、方向盤該轉多快等。進行的活動如果較複雜，得記住的資訊往往超過短期記憶的限制，因此，我們甚至從未察覺自己時時刻刻都在建立不同的心智表徵。事實上，少了心智表徵，人便無法走路（需要協調的肌肉動作太多）、無法言語（同樣需要協調太多肌肉動作，加上無法理解字彙），根本無法過正常人的生活。

心智表徵人人都有，也都在使用，頂尖專家和一般人的分野在於心智表徵的質與量不同。專家透過多年的練習發展出極度複雜精細的諸多表徵，以因應他們可能在自身領域中遭遇的種種狀況，例如棋賽中可能出現的許多棋子分布情形。有了這些表徵，專家便能針對當下狀況更迅速精準地判定該如何快速有效地回應，新手和專家之間最大的差別就在此。

試想，職棒選手每每都能擊中時速可能超過九十英里的球，沒有多年的專業訓練絕對辦不到。這些打者必須瞬間決定是否要揮棒，如果要揮棒，又要揮向哪裡，而他們的視力沒有比一般人好，反射動作也沒有比較快，靠的是透過長年的打擊訓練，以及立刻獲得回饋知道自己的判斷正確與否，而發展出來的一組心智表徵。因爲具備這些表徵，打者才能迅速判斷投手投的是哪一種球，以及球的進壘點。投手舉起手臂投出球的那一剎那，打者的判斷八九不離十，根本不必有意識地估計，就知道朝自己飛來的是快速球、滑球或曲球，以及球會跑到哪裡。他們已經學會判讀投手的一舉一動，因此不須費神觀察球怎麼跑，便能判斷是否要揮棒及揮棒方式。一般人對投球完全是門外漢，絕對不可能在捕手接住球之前做出這些決定。

前一章結束前提出一個問題：「刻意練習究竟爲大腦帶來什麼樣的變化？」在此大概可以回答了。專家與一般人的主要差異在於**長年的練習改變了專家腦中的神經回路**，製造出高度特化的心智表徵，進而在記憶、模式認知、問題解決等方面表現驚人——想要躍上自身專業領域的顛峰，這些高階能力是不可或缺的。

想了解心智表徵究竟是什麼，以及它們如何運作，最好的方式是爲「心智表徵」這個概念發展出一個好的心智表徵。如同前面提過的「狗」的例子，想要爲「心智表徵」建立一個心智表徵，最好花點時間摸摸它們的毛、拍拍它們的頭，然後觀賞它們表演絕技。

心智表徵有助於認出模式，迅速回應

近乎所有領域的專家都有一項特質：**心智表徵較弱的人看來隨機或混亂的一堆事物，專家有能力看出其模式**。換言之，專家能見林，普通人只見樹。

這一點在團隊運動中也許最明顯。以足球爲例，門外漢看見的是兩方隊伍各有十一名球員在場中四處移動，看似混亂且毫無模式可言，只是某些球員會伺機在球接近時奪球。不過，在懂足球又喜愛這項運動，尤其是足球踢得很好的人眼中，這些所謂的混亂完全不存在，而是球員爲因應球的走向和其他人的動作採取行動，美妙精細又時時變動的模式就此產生。頂尖足球員幾乎立刻就能認出這些模式並有所反應，一看見對方的弱點或破綻，就會善加利用。

爲了解這個現象，我與保羅．沃德、馬克．威廉斯兩位同事研究了足球員根據目前賽況預測球賽發展的能力。我們請球員觀看眞實球賽的影片，然後在片中的某位球員剛接到球時突然暫停影片，請受試者預測接下來的狀況：目前控球的球員會繼續控球、嘗試射門，還是傳球給隊友？結果，球技越高超的足球員預測得越準。此外，我們還測試球員的記憶力，請他們針對影片暫停前的最後一個畫面，盡可能重述所記得的資訊，例如相關球員所在位置及移動的方向。結果再次證明，較優秀的足球員在這方面的表現也強過球技較差的球員。

我們的結論是：較優秀球員在預測未來事件時具備的優勢，與他們可以想像更多有可能的結果，並快速篩選，找出最佳行動的能力有關。簡而言之，較好的球員有一種高度發展的能力，可以解讀球場上的行動模式。這項能力讓他們得以察覺哪些球員的動向和互動最重要，得以針對如何在場上移動、何時傳球、要傳給誰等狀況做出更好的決定。

美式足球也有類似現象，不過多出現在必須針對賽況發展心智表徵的四分衛身上。這說明了爲什麼特別傑出的四分衛往往投注最多時間觀看影片，分析自己的球隊和對手的一舉一動。優秀的四分衛必須掌握整個球場上的狀況，賽後也多能記得球賽的發展，清楚描述雙方球隊中多位球員的動作。更重要的是，有效的心智表徵讓四分衛的判斷迅速又正確：是否要傳球、傳給誰、何時傳球等。能夠快十分之一秒做出正確決定，可能大大影響賽況好壞，例如傳球成功，或是被攔截。

心智表徵另一項重要特質，可見於二〇一四年一群德國科學家針對室內攀岩進行的研究。這項運動的設計是盡可能複製室外攀岩的環境，以供訓練。攀岩者利用不同「把手點」攀爬一面垂直的牆，這些把手點需要的抓法不盡相同，包括開掌式抓法、摳岩穴式抓法、側拉、屈指抓法，攀岩時必須依據不同的抓握方式調整雙手和手指的位置，用錯抓法很可能就會掉下來。

研究人員利用標準心理學技巧觀察攀岩者勘測各種把手點時的大腦反應。他們首先注意到，和新手不同，經驗豐富的攀岩者會根據需要用到的抓法，自動爲把手點歸類。比方說，在他們的心智表徵中，需要屈指抓法的把手點歸爲一組，需要摳岩穴式抓法的則是另一組。這樣的歸類是無意識的，就好像你看到貴賓犬和大丹犬，不用眞的告訴自己「這兩隻都是狗」，也知道牠們是同一種動物。

換句話說，經驗豐富的攀岩者已發展出對把手點的心智表徵，讓他們下意識就知道眼前的把手點該使用哪種抓法。此外，研究人員還發現有經驗的人看見某個把手點，大腦便會傳遞訊號指示雙手準備做出相應的抓法——同樣不假思索。經驗不足的人則必須有意識地找出每個把手點適用的抓法。經驗豐富的攀岩者會運用心智表徵自動分析把手點，因此攀岩速度較快，也比較不容易掉下去。這又是一個心智表徵越豐富、表現越理想的例子。

心智表徵有助於理解資訊

從上述專家的例子可知，心智表徵的關鍵用處在於協助處理資訊：理解、詮釋、存入記憶、組織、分析、做出決定。所有專家都是這樣做的，而多數人其實都是某方面的專家，只是自己未必意識到。

舉例而言，正在讀這段文字的大部分人都稱得上是「閱讀」專家，因為發展出某些心智表徵才能達到這個程度。一開始我們學的是字母和發音之間的對應關係，在這個階段得費力地一個字母一個字母念出每個字，練習之後開始認得完整的單字，原本的「C－

A－T」成了「cat」（貓）。這都歸功於心智表徵登錄了這個單字的字母模式，並將那個模式與該單字的發音，以及「喵喵叫、常常和狗處不好的毛茸茸小動物」這個概念連結在一起。接著，除了單字的心智表徵，你還發展出各種對閱讀而言不可或缺的心智表徵。你學會了辨認句首和句尾，因此才能將一整串單字切割成有個別意義的模式塊（一個個句子），還學到有些字看似意味著句尾但其實不是，例如Mr.、Mrs.、Dr.等。因爲內化了各種模式，你面對生字時才能推測字義，就算單字拼錯、用錯，甚至漏掉，也能憑著上下文理解語意。現在閱讀時，你無意識就會做出這所有的事，心智表徵正在腦中不停運作，儘管沒被察覺到，卻不可或缺。

雖然正在讀這段內容的多數人都是閱讀專家，完全可以辨認頁面上的文字和句子，不過有些人比較有能力理解和吸收書中傳遞的資訊，其中的差異同樣取決於**心智表徵能讓人突破短期記憶的限制到何種程度，以留住讀取到的資訊**。

想了解其中原因，可以試想一組受試者應要求閱讀主題有點專業的報導，例如美式足球或棒球比賽，然後接受測試看看他們記得多少。你可能會猜想結果大概與受試者的整體語文能力有關（這項能力與智商關係密切）——猜錯了。研究顯示，對美式足球或棒球賽報導的理解程度，主要取決於對該運動既有的認識。

原因顯而易見：如果對那項運動缺乏概念，讀到的所有細節說穿了不過是一堆缺乏關連的資訊，想記住就和記憶一串隨機數字同樣困難。可是，如果懂那項運動，等於已經建立一個用來理解它的心智結構，因而能夠組織資訊，並和其他已經融會貫通的相關資訊結合在一起。這新的資訊成爲一個持續進行的故事的一部分，因而快速輕鬆地存入你的長期記憶，讓你記住的報導資訊，遠遠超過不熟悉該運動的人。

在某個主題上投注的心力越多，心智表徵就越精細，理解、消化新資訊的能力也越強。正因如此，西洋棋高手才有辦法閱讀對一般人而言如同天書的棋譜，看著一系列棋步——1. e4 e5 2. Nf3 Nc6 3. Bb5 a6……——從頭到尾理解一整盤棋。同理，專業音樂家也能夠在尚未演奏一首新曲子之前，光讀樂譜就知道它聽起來是什麼感覺。假如在讀這本書之前，你已經熟悉「刻意練習」的概念，或是對「學習」相關的心理學領域有所涉獵，那麼相較於其他讀者，書中的資訊對你而言可能容易吸收許多。

無論事前熟悉與否，閱讀本書並去思考其中探討的各個題目，有助於建立新的心智表徵，未來更深入閱讀和學習這個主題時，會輕鬆不少。

心智表徵有助於找出答案

《紐約時報》不時會出現名爲「醫生這麼想」的專欄，由身兼醫生和作家的麗莎．

山德斯執筆，每回都會刊出一個讓醫護人員剛接觸時困惑不已的眞實病例，就像報紙版的《怪醫豪斯》（注：美國電視影集，劇中的醫生主角與醫療團隊一同解決疑難雜症）。山德斯假設讀者在其他方面準備齊全（例如具備醫學知識和從症狀推論診斷結果的能力），提供足以找出謎底的資訊後，請讀者一同解謎。之後的某回專欄中，她會揭曉謎底，說明該病例中的醫生如何找出答案，並公布有多少讀者正確解答。這個專欄的文章總是有數百名讀者共襄盛舉，答對的人卻寥寥可數。

對我而言，這個專欄最吸引人之處並不在於醫學謎題或答案，而在於讓人洞悉診斷時的思考過程。醫生在診斷時，尤其面對複雜的病例，往往會得到許多與病人狀況相關的資訊，吸收之後必須結合相關醫學知識，以做出結論。這個醫生至少要做以下三件事：吸收與病人有關的資訊、回憶學過的相關醫學知識，接著運用這些資訊和醫學知識做出幾個可能的診斷，從中選出正確的。若有較精細的心智表徵，便能讓上述過程運作得更迅速、更有效率，甚至可說是必要元素。

在此借用山德斯的一個醫學謎題來說明——當初兩百多位讀者提出解答，只有幾個人答對。一名三十九歲的男警官向醫生表示耳朵劇烈疼痛，就像插了把刀子一樣，並且注意到自己右邊的瞳孔較左邊小。之前有一次也因爲耳朵疼痛去掛急診，當時醫生診斷是感染，所以開了抗生素；幾天後情況好轉，警官便將這件事拋諸腦後，但兩個月後耳朵又開始痛，這回服用抗生素毫無效果。醫生認爲應該只是鼻竇感染，不過考量到瞳孔的問題，還是請病人去看眼科。眼科醫師無法下診斷，便將病人轉介給一位神經眼科專科醫師。那位神經眼科醫師馬上看出小瞳孔是某種症候群的病徵，卻不明白爲什麼除了瞳孔較小之外很健康的人會罹患這種症候群，又和耳朵極度疼痛有何關連。醫生提出幾個問題：最近是否覺得哪裡特別虛弱？有麻木或刺痛感嗎？最近有沒有舉重？病人表示過去幾個月都有持續舉重，於是醫生又問了一個問題：舉重之後是否覺得頭部或頸部劇烈疼痛？病人回答約兩週前運動之後的確頭痛不已，醫生終於找到問題所在了。

一開始，解開謎題的關鍵似乎在於找出可能使兩邊瞳孔不一樣大的症候群，但這點並不難，只要學過這個症候群並回想起它的症狀，就能推測出是霍納氏症候群。這是因爲支配眼睛的神經受損引起的，眼睛因此無法張大，而局限了眼皮的動作。神經眼科醫師仔細一看，發現病人的眼皮確實未完全張開。好幾位讀者正確推測出是霍納氏症候群，卻不知道爲何與耳朵痛有關。

面對拼湊蛛絲馬跡這樣的挑戰，專科醫師的心智表徵身負重任。醫生爲症狀複雜的病患看診時，必須接收大量資訊，無法先行得知哪些資訊和病情有關，哪些只是煙霧彈。既然不可能把所有的資訊當成隨機事實全部吸收——短期記憶的限制讓人做不到——就必須將資訊放在相關醫學知識的背景中來理解。不過，哪些是相關醫學知識？

下診斷之前很難知道一則則臨床資訊意味著什麼，又可能與哪些病況有關。

醫學院學生在醫療診斷方面的心智表徵還屬初階，常將症狀與某些熟悉的病況連結在一起，然後驟下結論，並未列出可能的選項。不少經驗尚淺的醫生也常常這樣做。正因如此，警官爲了耳朵痛去掛急診時，醫生便認定是某種感染，因爲大多數都是感染所致，而沒有多加了解病患瞳孔異狀這個看似無關的問題。

優秀的診斷醫師和醫學院學生的差異在於他們已經建立精細的心智表徵，因此能同時考量若干不同資訊，連乍看無關緊要的訊息都能掌握。這是高度發展的心智表徵一項重要優勢：**可以同時吸收、考量更多資訊**。以診斷醫師爲對象的研究發現，這些專家往往將症狀和其他相關資料視爲更大模式的一部分，而不是一則則各自獨立的資訊——正如西洋棋特級大師能從似乎隨機分布的棋子中看出模式。

心智表徵讓西洋棋大師得以迅速想出幾種可行的走法，然後採取其中最好的選項，也讓有經驗的診斷醫師歸納出幾種可能的診斷，一一分析後選出最有可能的一種。當然，醫生最後也可能判定沒有一個選項正確，但推理過程也許會衍生出其他可能性。有能力列出幾種可能的診斷，並仔細推理，正是這些診斷專家高超之處。

《紐約時報》刊登的醫學謎題正需要以這種方式解答：先想出患者爲何同時出現霍納氏症候群的症狀和劇烈耳痛的幾種可能解釋，接著分析各個可能性以找出正確解答。

可能是中風，但患者的背景資料並未顯示他之前也許中風過。帶狀疱疹也可能引起患者的這兩項症狀，但他身上又沒有一般罹患帶狀疱疹會出現的水泡或紅疹之類的。還有第三種可能：因霍納氏症候群受損的神經旁有一條頸動脈正好也經過耳朵，也許是頸動脈血管壁撕裂。動脈稍有撕裂，血液便會經由內層漏出去，導致外層出現一塊凸起，可能壓迫到顏面神經，在極少數情況下也可能壓迫到耳朵的神經。歸納出這個可能之後，那位神經眼科醫師詢問病患最近是否曾舉重，頭會不會痛。舉重有時會造成頸動脈撕裂，而這種撕裂傷通常跟頭痛或頸部疼痛有關。因此，當病患給出肯定的答覆時，醫生便判定最有可能的診斷結果是頸動脈撕裂。之後的磁振造影證實的確如此，於是病患開始服用抗凝血劑以預防血栓形成，並被告知接下來幾個月都要避免用力，好讓血管癒合。

診斷正確的關鍵不只是擁有必要的醫學知識，這些知識還得**經過組織而變得易於運用**，醫生才能找出可能的選項，然後聚焦於機率最高的診斷結果。「優越的資訊組織能力」正是研究頂尖專家時一再出現的主題。

就算乏味的保險銷售也是如此。最近一項研究便以一百五十名保險業務員為對象，調查他們對壽險、房屋保險、汽車保險、商業保險的知識。結果一如預期，成功的業務員對各種保險商品的了解勝過表現略遜一籌的同行（成功與否以業績判斷）。但更重要的是，研究人員發現傑出的保險業務員擁有更為複雜、整合完善的「知識結構」——也就是所謂的「心智表徵」。尤其是，優秀業務員有更多高度發展的「如果……就」結構：如果客戶有這些狀況，就這樣說或那樣做。因爲他們的保險知識組織得較好，優秀業務員面對任何情境都能更迅速、更正確地找出做法，工作效率自然更好。

心智表徵有助於制訂計畫

經驗豐富的攀岩者開始攀岩前，會先檢視整面牆，想像攀爬路線，看見自己在把手點之間移動。這種在攀岩前建立一個詳細心智表徵的能力，是隨著經驗而來的。

一般來說，心智表徵可以用來在許多領域做計畫。心智表徵越精細，計畫越可能奏效。

例如，外科醫師經常在下第一刀前想像整場手術。他們會運用磁振造影、電腦斷層掃描等影像技術檢視病人體內的狀況、找出可能的問題部位，然後制訂手術計畫。就外科醫師而言，針對一場手術發展心智表徵是非常有挑戰性、卻也十分重要的事，而越有經驗的外科醫師發展出來的心智表徵通常越精細、越有效。這些表徵不僅引導手術進行，手術中若發生意外狀況而可能造成危險時，也有警示作用。如果手術實際進行時偏離外科醫師的心智表徵，他知道要慢下來，重新思考各個選項，必要時也可制訂新的計畫，因應新出現的資訊。

會去攀岩或執刀動手術的人相對較少，但幾乎每個人都有需要撰寫文字的時候，而寫作過程正好是個絕佳的例子，可以說明如何將心智表徵用於事前計畫。我在過去幾年撰寫《刻意練習》時漸漸熟悉這個過程，而這本書的讀者無論是要寫私人信件、商業備忘錄、部落格或書，最近可能也都有寫東西的機會。

有關寫作時運用的心智表徵的研究不少，結果顯示，專業文字工作者和新手用的方法相距甚遠。比方說，一名國小六年級的學生被問到寫文章時採取的策略，他的回答如下：

> 腦中靈感好多，我就拚命寫下來，寫到一滴不剩。接著，我也許會強迫自己再多擠出幾個點子，直到沒什麼好寫的，然後就結束啦。

這個方法其實很常見，不僅小六生會採用，多數不以撰寫文字爲生的人也經常這麼做。這種寫作方式的心智表徵簡單直接：有個題目，然後對題目有許多想法，通常會以關連性或重要程度將這些想法鬆散地組織起來，有時則以類別或其他模式分類；精細一點的表徵可能開頭會有引言、最後有結論或總結，不過就這樣了。

這種寫作方法稱爲「知識陳述」，因爲充其量只是把自己腦子裡出現的東西統統告訴讀者。

專業文字工作者的做法截然不同。以我和本書共同作者的寫作方式爲例，首先，我們得釐清這本書的作用：希望讀者從各種專業技能的研究中學到什麼？有哪些重要的概念和想法值得分享？看過這本書之後，讀者對訓練和潛能的想法應該有何改變？思索這些問題的答案讓我們爲本書勾勒出一個粗略的心智表徵——爲本書設定的目標、賦予它的任務。最初的表徵在書成形的過程中當然會逐步進化，但它是個起頭。

接著，我們開始概述如何實現爲這本書設定的目標。大致要涵蓋哪些主題？顯然，我們必須解釋何謂刻意練習，那該怎麼做？一開始應該說明一般人的練習方式及其限制，接著討論有目標的練習等等。這個階段就是在**想像可以用來達成目標的諸多方法，仔細考量，看看哪些選項最理想**。

在選擇的過程中，我們逐步雕琢對本書的心智表徵，直到找出可能實現所有目標的做法。想了解我們這個階段的心智表徵，最簡單的方式就是回想國中國文課教的撰寫大綱老方法：列出章節大綱，每一章聚焦於特定主題，並涵蓋該主題的各個不同面向。不過，我們爲本書創造出的表徵遠比一個簡單的大綱更豐富、更複雜。例如，我們知道每個環節爲何存在、有何功能，對本書的結構和邏輯也一清二楚，明白這個題目爲什麼要跟著那個題目，以及不同環節之間的關連何在。

這個過程也迫使我們仔細思考自己是如何將刻意練習概念化的。一開始，我們寫出看似清楚的刻意練習概念，並加以解釋，卻發現要以非學術的方式簡潔說明，有時不如預期容易，因此必須重新想出最好的方式來解釋概念或論點。

例如，我們一開始對經紀人伊麗絲．錢尼提案時，她和同事都無法清楚了解刻意練習，尤其搞不清楚刻意練習和其他練習法之間除了成效較好外，還有哪些差異。這不是他們的問題，反而意味著我們的解釋不如自己以爲的清楚易懂，因此必須重新思索如何呈現「刻意練習」——基本上就是要針對我們對它的看法，以及希望其他人如何看待它，構思出一個新的、更完善的心智表徵。我們很快就意識到，心智表徵是我們如何呈現刻意練習的關鍵。

我們想要呈現刻意練習的諸多面向，而一開始，心智表徵只被視爲那些面向之一，現在卻被當作本書的一個重點——也許是唯一的重點。刻意練習的主要目的在發展有效的心智表徵，而稍後會提到，心智表徵反過來在刻意練習中扮演關鍵角色。具備適應力的大腦面對刻意練習的重大改變，就是發展出更精細的心智表徵，而這些心智表徵反過來又打開了改善表現的新可能性。總之，對心智表徵的說明成了全書基礎，本書的其他部分都立足其上。

這本書的撰寫和我們對主題的理解逐漸相輔相成，在思索如何將訊息更清楚地傳達給讀者時，自己對刻意練習又有了新的見解。研究人員稱這種寫作方式為「知識轉化」，與「知識陳述」相對，因為寫作過程改變並增加了作者一開始具備的知識。

這個例子說明了頂尖專家運用心智表徵改善表現的一個方法：**監控並評估自身表現，必要時調整心智表徵以提升其效能**。心智表徵越有效，表現越好。我們針對本書發展出某個心智表徵，後來發現這個表徵帶來的表現（一開始在提案時所做的說明）不如預期，我們便依據得到的回饋調整表徵，因此能以更理想的方式說明刻意練習為何。

心智表徵就這樣貫穿全書的寫作過程。雖然我們對本書的心智表徵不斷在進化，它還是引導著我們，並告知種種寫作相關決定。我們隨著章節的進行評估各個環節（後面的階段有編輯協助），找到弱點時則調整心智表徵，以解決問題。

當然，書的心智表徵比私人信件或部落格文章龐大複雜得多，但整體模式是一樣的：想寫得好，就要事先發展出心智表徵來引導寫作，然後監測並評估自己努力的成果，隨時準備好在必要時調整那個心智表徵。

心智表徵有助於學習

一般而言，心智表徵不僅是學習某項技能的結果，也有助於學習，音樂界就提供了不少證據。幾位研究人員比較了頂尖音樂家和沒那麼出色的音樂家，發現兩者之間最顯著的差異在於**心智表徵的品質**不同。初階或中階音樂家練習新曲子時，往往不太清楚樂曲聽起來該是什麼樣子，高階音樂家卻能運用一個非常精細的音樂心智表徵，來引導練習，最終引導自己演奏一首樂曲，尤其他們會善用心智表徵**自我回饋**，以了解自己演奏得有多正確，以及該採取什麼不同的做法來改善。比方說，新手和中等程度的學生也許有粗略的音樂心智表徵，彈錯某個音時自己可以察覺，卻必須**仰賴老師的回饋**，來找出更細微的錯誤和缺點。

就算是剛開始學習音樂的學生，音樂表徵的品質也會影響練習成效。約十五年前，兩名澳洲心理學家蓋瑞．麥克弗森和詹姆斯．仁維克以年齡七到九歲之間的兒童爲對象進行研究，這些孩子正開始學習長笛、小號、短號、豎笛和薩克斯風等樂器。研究團隊將受試者在家練習的情況錄影下來，然後分析他們每一回的練習，以了解哪些行爲對練習的成效有所影響。

研究人員特別計算這些學生第一回和第二回練習時犯的錯誤，以兩回之間犯錯次數的不同衡量學生練習的成效。研究發現改善情況大不相同，一名頭一年學習短號的女學生犯的錯最多，第一回練習新樂曲時，平均一分鐘吹錯十一次；第二回她犯同樣錯誤的比例仍有百分之七十，每犯十個錯，只會注意到三個並自我糾正。相較之下，表現最好的新手（一名頭一年學薩克斯風的男孩），第一回練習時每分鐘只犯一．四個錯，第二回練習時犯同樣錯誤的比例只有百分之二十，每十個錯誤中自我改正了八個。這個改正比例上的差異特別驚人，因爲薩克斯風學生一開始犯的錯就少，改善的空間自然小了許多。

所有學生的態度都很好，也力求進步，因此，麥克弗森和仁維克認爲學生表現的差異多源於**本身察覺錯誤的能力高低**，也就是對樂曲的心智表徵有多好。吹奏薩克斯風的學生對樂曲有清楚的心智表徵，所以能發現大多數錯誤並記下來，下一次練習時改正；相較之下，學習短號的學生對所練樂曲並沒有一個發展良好的心智表徵。研究人員認爲，兩名學生之間的差異不在學習的欲望或付出的努力，單純是因爲短號學生不像薩克斯風學生一樣具備有助於改善表現的工具。

麥克弗森和仁維克並未探究心智表徵的確切本質，但其他研究顯示，表徵可能有幾種形式。一種是聽覺表徵，也就是知道一首樂曲聽起來該是什麼樣子。每個層級的音樂家都藉此引導自己的練習和演出，較優秀音樂家的表徵則更精細，不僅涵蓋音符的音高和長度，還有音量、升降調、音準、抖音、顫音，以及與其他音符之間的和諧關係（這裡的「其他音符」包括別種樂器的音樂家演奏出來的音符）。好的音樂家不僅能辨認這些音樂特質，也知道如何在自己的樂器上演奏出來——這種理解需要它自己的心智表徵，而這種表徵回過頭來又和樂聲本身的心智表徵密切相關。

麥克弗森和仁維克研究的學生大概也都發展出程度不一的心智表徵，才能將樂譜上的音符和演奏時需要用到的手指連結起來。所以，薩克斯風學生的指頭如果不小心放錯位置，他之所以注意到問題可能不只是因爲吹出的聲音不對，也是因爲手指按起來「怪怪的」，這正是手指擺放位置不符合他的心智表徵所致。

麥克弗森和仁維克的研究有個優勢是非常「個人」，讓人覺得研究結束後彷彿認識了短號和薩克斯風學生，其缺點則在於只觀察了某所學校中的一些音樂學生。幸好，他們的研究結果與另一項英國的研究相符，後者以超過三千名程度從初階到高階的音樂學生爲對象，而且這些學生都準備要進入大學等級的音樂學校。

研究人員發現，越優秀的學生察覺自己犯錯的敏銳度越高，也較能注意到哪一部分比較困難，需要專注投入。這意味著這些學生已經針對演奏的樂曲和自身表現發展出成熟的心智表徵，才有能力監測自己的練習狀況並察覺錯誤。此外，程度較高的音樂學生採取的練習技巧也比較有效，代表他們**不只利用心智表徵察覺錯誤，還能針對樂曲的困**

難部分找出合適的練習方式對症下藥。

不只音樂演奏，在任何領域中，技能和心智表徵之間都是良性循環：技能越高超，心智表徵越成熟；心智表徵發展得越完善，就能以更有效的練習方式精進技能。

康乃狄克大學心理學家羅傑．查芬與著名鋼琴家蓋碧拉．依姆芮合作多年，希望了解依姆芮在研究、練習及演奏一首新樂曲時大腦的運作，而我們從中可更清楚了解專家如何運用心智表徵。

查芬和依姆芮的合作十分類似我當初觀察史提夫．法隆如何發展出記憶長串數字的心智表徵。查芬觀察依姆芮練習新曲目，請她說出自己決定彈奏方式時的思考過程，也將她每一回的練習錄影下來以增加資訊，了解依姆芮如何著手練習。

在某一系列的練習中，查芬觀察依姆芮花了三十多個小時練習巴哈的〈義大利協奏曲〉第三樂章，她之後要頭一次演奏這首曲子。依姆芮一開始先讀樂譜，好建立查芬所謂的「藝術印象」，也就是這首曲子在演奏時聽起來應該是什麼樣子。依姆芮對這首樂曲當然並不完全生疏，之前聽過很多次，不過光憑讀譜就能建立對樂曲的心智印象，顯示她對鋼琴具備高度發展的心智表徵。看著樂譜，一般人只看見音符，她腦海中卻能響起音樂。

接著，依姆芮將重點放在如何彈奏這首曲子，好符合自己想表達的藝術印象。

一開始先熟悉整首樂曲，以決定要採取的指法。她盡可能採用鋼琴家會運用的標準指法，不過爲了讓某些部分聽起來有特別效果，有時也必須放下標準，嘗試幾種不同的指法，選出一種，然後標記在樂譜上。此外，她也會在樂曲中找出查芬所謂的「表達轉折點」——例如原本輕鬆活潑的演奏轉爲穩重嚴肅——然後在轉折點或演奏困難之處出現前找出一小節作爲提示，以提醒自己注意。她還會在樂曲中挑出幾個地方，加入自己稍微不同的詮釋。

依姆芮運用這些不同元素大致拼湊出樂曲的全貌，見樹又見林，建立起整首曲子應該傳達的印象，也讓自己清楚想像出演奏時必須注意的細節。她的心智表徵結合了她認爲這樂曲聽起來應該是什麼樣子，以及能傳達該印象的方法。雖然就細節而言，其他音樂家的心智表徵未必和依姆芮的相同，但整體方法應該大同小異。

心智表徵也讓依姆芮可以處理古典鋼琴家學習樂曲時會遇上的兩難局面。鋼琴家必須將樂曲練習、熟記到近乎自動演奏，不必有意識地指揮雙手手指就能正確彈出音符，如此就算緊張或興奮，也能在台上將樂曲完美無瑕地呈現給聽衆；另一方面，卻也必須保有某種程度的即興，才能和聽衆連結及交流。依姆芮運用她爲樂曲畫出的心智地圖達到上述境界。她大致上就像練習時一樣彈奏，手指依照熟練的動作在琴鍵上飛舞，不過她隨時都很清楚自己彈到哪裡，因爲她認出了各個參考點。有些參考點提醒依姆芮準備改變指法，有些則是查芬所謂的「表現參考點」，提醒她可以根據自身感受和聽眾反應改變演奏方式，以抓住某種特別的情緒，因此就算在現場演出複雜曲子的嚴苛限制中，也依然保有即興性。

身體活動也是心智活動

前述幾項研究顯示，音樂家依靠心智表徵改善自身專業的身體和認知層面。心智表徵對一般視爲純身體的活動很重要；事實上，任何專家在所屬領域都稱得上高智力，這適用於近乎所有身體位置和動作的藝術表現由裁判評估的活動，例如體操、跳水、花式溜冰或舞蹈。從事這些活動的人必須發展出清楚的心智表徵，好知道身體該如何動才能達到應有的藝術表現。但就算是不特別講求藝術形式的領域，訓練身體以特別高效的方式移動也無比重要。游泳選手學習讓推力最大、阻力最小的划水動作；賽跑選手學習在增加速度和耐力的同時保留體力的邁步方式；撐竿跳、網球、武術、高爾夫球、棒球打擊、籃球三分球、舉重、飛靶射擊、滑雪等，要在這些運動項目表現出色，正確的姿勢就是關鍵，而具備最佳心智表徵的選手便占了優勢。

同樣的良性循環也主宰著這些領域的表現：**磨練技能可以改善心智表徵，心智表**

徵又有助於技能進步。這有點像雞生蛋、蛋生雞。以花式溜冰為例，除非親自做過，否則很難發展出兩周半跳應該是什麼感覺的清楚心智表徵；然而，若缺乏良好的兩周半跳心智表徵，也很難做得俐落。聽起來雖然矛盾，其實不然。你一點一滴努力做出兩周半跳，並在過程中建立心智表徵。

這有些類似邊走樓梯邊往上蓋，每往前踏一步，就能朝上再蓋一階，蓋好之後可以向上爬、繼續蓋，以此類推。你既有的心智表徵引導著你的表現，並讓你可以監測並評估那個表現。當你逼迫自己去做一件新的事，無論是培養新技能或精進既有技能，你也在擴充、加強心智表徵，而這些表徵又反過來讓你有可能超越之前的極限。

第4章

刻意練習的黃金法則

刻意練習和其他有目標的練習有兩大差異：第一，該領域必須發展得相當成熟；第二，需要有個老師提供可以幫助學生改善表現的練習活動，或是以該領域頂尖專家的經驗為師。

有目標的練習缺少了什麼？接著就讓我們來看看，除了專注和走出舒適圈之外，還有什麼是不可或缺的。

第一章提過不同人使用目標練習法的結果往往截然不同。史提夫．法隆一路挑戰到可以記下八十二位數，蕾妮明明和史提夫一樣努力，卻無法突破二十位數。史提夫和蕾妮的差異在於用來提升記憶的練習方式細節有所不同。

自從史提夫證明了的確可能記住長串數字，就有數十人在記憶數字方面打破了史提夫的紀錄。負責監督各項國際記憶競賽的世界記憶運動協會表示，現今至少有五個人在記憶競賽中記下三百位數或以上，還有數十人能記下至少一百位數。二〇一五年十一月爲止，記憶競賽的世界紀錄保持人是蒙古的佐格巴德拉卡．賽坎巴亞，他於二〇一五年的第一屆台灣記憶運動錦標賽中記下了四百三十二位數，是史提夫紀錄的五倍多。正如蕾妮和史提夫之間的差異，史提夫和新一代記憶達人表現的不同也源自訓練的細節。

這種狀況很常見，各個領域都會有些格外奏效的訓練法。本章要探討的就是成效最佳的方法：刻意練習。這是任何學習技能者的黃金法則。

在高度發展的領域探索最佳練習法

有些活動，例如演奏流行音樂、塡字謎、跳民俗舞蹈，並沒有標準的訓練方式，無論哪一種方法似乎都缺乏組織且成效難以預料。有些活動，如古典音樂演奏、數學、芭蕾舞等，其訓練法則已經發展成熟並廣爲接受，只要謹慎努力地運用這些方法，大概都能成爲專家。我的研究生涯就是投注在上述的第二種領域。

這些領域有許多共同點。第一，能以客觀方式（例如非輸即贏的棋賽，或是兩人或兩個隊伍之間的比賽），或者半客觀的方式（例如請專家評審評分）衡量表現。這點想來合理：如果對表現的好壞沒有認定標準，也無從得知如何改變才能改善表現，很難發展出有效的訓練方法，甚至近乎不可能。若是對進步的定義模糊，又怎麼發展得出改善表現的方法？第二，這些領域的競爭往往激烈到讓從事者擁有強烈的練習和精進動機。第三，這些領域大多十分成熟，相關技能已經發展了幾十年，甚至幾百年。第四，這些領域有專業人士擔任教師和教練，隨著時間過去發展出日益精深的訓練技巧，讓該領域的技能穩定提升。技能精進和訓練技巧的發展相輔相成，新的訓練技巧能讓人更上一層樓，進步又會促成訓練上的創新（又是一種良性循環）。至少直至今日，技能和訓練技巧的共同發展都是透過不斷的試誤，活躍於該領域的人親身試驗多種改善方法，奏效就保留，沒用就捨棄。

將這些原則實踐得最徹底的領域，莫過於音樂訓練，尤其是小提琴和鋼琴。這個領域競爭激烈，必要技巧和訓練法已有數百年的發展歷史。此外，在這個領域中（至少就小提琴和鋼琴而言），如果想成爲全球佼佼者，大概都需要投注至少二十年或更長的時間勤加練習。

簡而言之，這正是想了解專家級表現最合適的領域，我也很慶幸自己在完成頂尖記憶力的研究之後，便投入音樂訓練研究，持續多年。

一九八七年秋天，我接下了位於德國柏林的馬克斯普朗克人類發展研究所的工作。與史提夫·法隆合作的記憶研究結束後，我繼續研究其他的驚人記憶力案例，例如不靠紙筆就能記下多位客人點餐細節的服務生、每回接了新戲就得熟背新台詞的舞台劇演員。我研究這些人爲了記憶發展出來的心智表徵，但他們有個重大局限：都是未接受正規訓練的「業餘人士」，全憑自己一路摸索出來。若採用嚴謹正規的訓練方法，可能達到什麼樣的成就？搬到柏林後，我突然有機會在音樂家身上觀察這樣的訓練方式。

能有此機會，得感謝柏林藝術大學。該校距離馬克斯普朗克研究所不遠，有美術學院、建築學院、媒體與設計學院，以及音樂與表演藝術學院，總共有三千六百名學生，其中音樂學院拜教學和學生所賜，備受推崇，畢業校友除了二十世紀的兩位指揮大師奧托·克倫培勒和布魯諾·華爾特，還有以《三便士歌劇》聞名的作曲家柯特·懷爾。歷年來，該音樂學院培育了眾多鋼琴家、小提琴家、作曲家、指揮家等音樂菁英，不只在德國占有一席之地，也在世界舞台發光發熱。

我在馬克斯普朗克研究所找了兩名合作者，一位是研究生賴夫．克拉普，另一位是博士後研究員克萊蒙．泰斯羅姆，三人共同針對音樂成就的發展擬定研究計畫。一開始，計畫的重點在於了解音樂學生的動機，因爲我特別想知道學生的學習動機能否影響他們投入多少精力練習，進而影響之後的成就。

我們決定以音樂學院的小提琴學生爲研究對象，因爲該學院以培育世界級小提琴家聞名。當然並非所有學生都如此有成就，程度從優等、傑出到頂尖都有，正因如此，我們才有機會比較衆多學生的動機和成就之間的關係。

我們先請音樂學院的教授找出有潛力成爲國際小提琴獨奏家的學生，也就是未來該領域的佼佼者，同儕望塵莫及的明日之星。教授們找出的十四位學生中，有三位德語不流利，接受訪談有困難，另外一位因爲懷孕而無法以她平常的方式練習，所以總共剩下十名「頂尖」學生——七名女性、三名男性。教授也找出一些很傑出但稱不上未來巨星的小提琴學生，我們根據第一組的年齡和性別，從這些「傑出」學生中挑出十位。最後，我們同樣根據年齡和性別，從該校音樂教育系選出十名學生，他們未來很可能成爲音樂老師，與一般人相較起來音樂技能高超，不過絕對比前兩組遜色，在此稱第三組爲「優等」組。於是，我們有了三組程度不同的研究對象：優等、傑出和頂尖。

此外，我們也從柏林愛樂管弦樂團和柏林廣播交響樂團這兩個國際知名樂團中召集了十名中年小提琴家。音樂學院的教授表示，他們的頂尖學生很可能會加入這兩大樂團其中之一，不然就是在德國同等級的樂團演出，所以這些樂團的小提琴家可能就是學生的未來寫照，讓人得以一探該音樂學院的頂尖小提琴學生二、三十年後的狀態。

這個計畫的研究目的，在了解頂尖小提琴學生和只稱得上優等的同儕之間的差異。傳統觀點認為，能躍上顛峰主要歸功於與生俱來的天分，所以練習量和方式，即動機的不同，對頂尖人才而言影響根本不大。這項研究就是想知道傳統觀點正確與否。

小提琴學生提供了研究頂尖技能發展的絕佳機會

要向只聽過職業小提琴家演奏的人解釋拉小提琴的難度，以及優秀小提琴家須具備的技能並不容易。演奏得好可說是天籟之音，反之則像貓被踩到尾巴發出的慘叫聲。光是要用小提琴拉出可以接受的單音——發出來的聲音不會吱吱嘎嘎、不過低也不過高，還要能掌握小提琴的音色——就得投注大量練習，而學會拉出可接受的單音還只是在這充滿挑戰的漫漫長路上踏出第一步。

第一個困難之處在於小提琴的指板沒有定音的標記，不像吉他的指板會以金屬區隔不同音。吉他只要調好音，就無須擔心彈出來的音過低或過高，小提琴則沒有定音的金屬條，因此小提琴家必須將手指放在指板上的確切位置，才能拉出正確的音，差個十六分之一英寸，就會升半音或降半音；手指若距離正確位置過遠，便會拉出截然不同的音。這還只是一個音，指板上上下下的每個音都需要相同的精準度。學習小提琴必須投注無數個小時學習指板音位，無論是在同一根弦上移動，或是來回於不同琴弦之間，左手都要能準確無誤地按出每一個音。等到可以自然將手指放在指板上的正確位置，還得學習多種精細的指法，例如抖音必須運用指尖在弦上滾動，而非滑動，以產生顫抖的音色，這些也需要日復一日的練習。

指法還算簡單，弓想拉得好，又是一門更高深的學問。弓在弦上拉動時，其馬毛會稍微拉著弦然後鬆開，然後拉了又鬆，視琴弦的振動頻率不同，可能達到一秒鐘來回數百、數千次，小提琴的獨特音色就是源自弦對弓的拉放作用的反應。小提琴的音量取決於弓在弦上施力的強弱，不過力道也有一定限度，過強會產生可怕的嘎嘎聲，過弱發出的音雖然沒那麼刺耳，卻也不符標準。更複雜的是，力道的合理範圍也隨著弓在弦上的位置有所不同，弓離琴橋越近，就必須施加越大的力，才能在理想範圍之內。

小提琴家還得學會多種運弓手法，才能產生音色變化——可以平滑地拉過弦上、停止片刻、快速來回運弓、在弦上收放，或是輕輕在弦上彈跳，諸如此類的運弓方式多達十餘種。例如跳弓是弓拉在弦上的同時來回輕擊，產生一連串斷奏效果；此外還有拋弓、頓弓、分弓、連弓等其他多種弓法，各有其獨特的音效。當然，以不同方式運弓的同時，還必須和忙著按弦的左手密切協調。

這些不是一、兩年就能練成的功夫，我們研究的學生也的確都學琴超過十年，平均從八歲開始。他們接受的訓練和現今兒童學習的模式相同，幼年時期就開始有系統地上課，通常一週上一次課，每回上課，老師會評估學生目前的表現，設定幾個現階段須加強的目標，指派下回上課前要做的練習，對學習有熱忱的學生多能獨自完成這些練習。

既然多數學生每週跟著老師上課的時間都是一小時，練習上的主要差別就在於學生**投注於獨自練習的時間**。能進入柏林藝術大學音樂學院的學生通常都很認眞，十歲、十一歲的他們每週專注練習的時間往往多達十五個小時，針對老師指定的內容加強特定技巧。而隨著年齡漸長，每週的練習時間也變多。

小提琴訓練和足球、代數等其他領域的差異之一，在於小提琴家必須具備的一系列技巧有一定標準，教導方式亦是如此。由於大多數小提琴演奏技巧已有幾十年、甚至幾百年的歷史，音樂界有機會篩選出最合適或最「理想」的方式，例如小提琴的握法、抖音時的手指動作，以及跳弓時如何運弓等。要精通這種種技巧並不容易，但學生能夠看見該做些什麼，以及怎麼做。

以上這一切意味著，柏林藝術大學的小提琴學生提供我們絕佳的機會，去探討動機如何影響頂尖技能的發展，以及優等和頂尖小提琴家之間有何差異。

優等、傑出和頂尖之間的差異在於大量練習

爲了找出差異，我們深入訪問這三十位專修小提琴的學生，詢問他們的經歷，例如何時開始學習音樂、老師是誰、不同年齡時一週獨自練習的時數、贏過哪些比賽等；請他們就不同方式對技能改善的重要性發表意見，例如獨自練習、團體練習、爲了自娛而獨自拉琴、因爲好玩而和別人一起拉琴、獨奏、團體演奏、上課、授課、聆聽音樂、研讀樂理等；還請教他們上述不同活動需要投注的心力，以及做這些事情的當下有多快樂；另外也請他們估計自己前一週花在這些活動上的時間。最後，爲了了解他們這些年花了多少時間練習，也請他們估計從開始學習音樂之後的每一年，平均一週花幾個小時獨自練習。

此外，這三十位學生也依我們的要求，連續寫七天日記，以十五分鐘爲單位記錄睡眠、進食、上課、讀書、獨自練習、團體練習、演奏等多項活動。如此一來，我們便有詳盡的資訊可以知道他們的生活作息和練習歷程。

這三組學生對問題的回答大同小異，例如近全數學生都認為獨自練習是表現進步的最重要因素，接下來的重要性依序是和他人一起練習、上課、演奏（特別是獨奏）、聆聽音樂，以及研讀樂理。不少學生也表示睡眠充足非常有助於進步，因為練習強度大，所以需要好好睡一整晚充電，也經常睡午覺。

一項很重要的發現是：被學生視為對進步影響深遠的多項活動中，除了睡覺和聽音樂，其他活動在他們眼裡往往費力又缺乏樂趣，無論是最頂尖的學生或未來的音樂老師都認為要下苦功才能進步的過程並不好玩；換言之，**沒有學生因為熱愛練習而需要比同儕少的動機，這些學生之所以有動力專心一致地努力練習，是因為他們知道唯有如此才能進步**。

另一項重要發現是：這三組學生之間只有一個重大差異，就是**投注在獨自練習的總時數**。

我們請學生估計自己開始學小提琴後平均每週獨自練習的時數，據此統計出他們到十八歲進入音樂學院時累積的獨自練習時數。雖然記憶未必絕對可靠，不過認真如他們的學生通常會規畫一週每一天的練習時段，而且從接受音樂訓練的幼年時期便開始，因此我們相信，他們能相當準確地估計過去各年齡時期的練習時數。

調查發現，頂尖組的小提琴學生平均投注的時間遠超過傑出組學生，而頂尖和傑出這兩組學生花在獨自練習的時間，又較音樂教育組（優等組）的學生多出許多。詳細來看，音樂教育組學生到了十八歲時累積的小提琴練習時數平均是三千四百二十小時，傑出組學生平均練習了五千三百零一小時，頂尖組學生的平均練習時間則是七千四百一十小時。沒有一組學生偷懶，就連表現最差的學生也花了幾千個鐘頭練習，遠超過學小提琴玩玩的人。不過，三組學生的練習時數確實有顯著差異。

再仔細檢視可以發現，三組學生練習時間最大的不同出現在九到十二歲，以及青少年時期。要青少年持續練習之所以困難，在於這個時期有許多會分掉他們時間的活動，例如讀書、逛街、和朋友玩、參加派對等。我們的研究結果指出，那些在九到十二歲和青少年期可以維持練習量，甚至加重原本就極大的練習量的學生，之後都成了柏林藝術大學音樂學院的頂尖學生。

我們也計算了柏林愛樂管弦樂團和柏林廣播交響樂團的中年小提琴家估計的練習時間，發現他們十八歲以前投注的練習時數，幾乎和該音樂學院的頂尖學生相當——平均達七千三百三十六小時。

有幾項可能影響這三組小提琴家技能程度的因素並未包含在我們的研究中，這些因素也許確實有影響，例如學生若有幸跟著特別厲害的教師學琴，可能就比教師素質一般的學生進步更迅速。

不過，從這項研究可清楚看出兩件事：第一，**要成為傑出小提琴家必須投入幾千個小時練習，沒有捷徑，也沒有花少許時間就能達到專家程度的「天才」**；第二，**就算是這些被德國頂尖音樂學院錄取的小提琴資優生，投注極大量時間練習演奏技能的人，其表現平均都優於練習時間較少的人。**

從這些小提琴學生身上看到的模式，也可見於其他領域。想要準確觀察到這個模式，必須要能合理估計出該領域的人投注於培養技能的總練習時數，這點未必容易，同時也要能夠客觀區隔該領域中的優等、傑出和頂尖人士，這點往往也不簡單。但若能做到以上兩點，通常會發現最頂尖的佼佼者在各種有目標的練習上投注的時間最長。

幾年前，我和兩名同事，卡拉．哈金森和娜塔莉．薩克斯—艾瑞克森（也是我的妻子），以一群芭蕾舞者為對象進行研究，希望了解練習在他們的成就中扮演了何種角色。和我們合作的舞者來自莫斯科大劇院芭蕾舞團、墨西哥國家芭蕾舞團，以及美國的三個舞團——波士頓芭蕾舞團、哈林舞團、克里夫蘭芭蕾舞團。研究提供了問卷，調查他們何時開始學舞，以及一路走來每週的練習時數——主要是在老師指導下於舞蹈教室進行的練習。我們還特別去除排練和表演的時間。舞者的技能高低有兩個判斷標準，一是以他們參與演出過的舞團區分，例如克里夫蘭芭蕾舞團為地方舞團，哈林舞團屬於國家舞團，而莫斯科大劇院芭蕾舞團和波士頓芭蕾舞團則是國際級的；二是考量舞者在舞團裡達到的最高層級，是首席舞者、獨舞者，或只是舞團的一員。舞者的平均年齡爲二十六歲，不過因爲最年輕的舞者是十八歲，研究中的練習時間只計算到十七歲，技能高低則以十八歲時爲準。

雖然練習總時數和舞者能力的測量標準不盡精確，舞者估計的練習時數和他們在芭蕾舞界地位的高低卻關係密切。練習較勤奮的舞者較爲傑出，這點至少可從他們所屬的舞團及其在舞團中的地位看出來。而從達到某個水準前付出的練習時間來看，不同國籍的舞者之間沒有顯著差異。

如同小提琴家，芭蕾舞者個人最終的技能水準主要取決於練習的總時數。我們計算了舞者二十歲前花在練習上的時間，發現平均超過一萬小時，不過有些舞者練習的時間遠超過這個平均值，也有舞者花的時間少了許多，而這個訓練上的差異也反映在舞者程度屬於優等、傑出或頂尖。這項研究同樣未顯示有舞者天賦異稟到比他人更輕鬆就成爲佼佼者，其他針對芭蕾舞者的研究也有相同的結果。

現在我們可以合理地從許多領域的多項研究歸結出，**沒有人可以不投注極大量的練習就發展出非凡技能**——就我所知，沒有任何科學家對此結論提出質疑。無論研究的是音樂、舞蹈、運動、有競爭性的比賽或任何能客觀評量表現的活動，都可以發現其中的佼佼者投注於發展自身能力的時間十分驚人。例如，研究世界頂尖的西洋棋棋士可看出，不密集訓練至少十年，幾乎不可能成為特級大師。一度是最年輕特級大師的巴比·費雪，在許多人眼中是歷史上最了不起的棋士，連他在晉升為特級大師前也下了九年的功夫。自從費雪創下紀錄後，達到特級大師等級的棋士越來越年輕，儘管可歸功於訓練和練習方式的發展，讓年輕棋士能迅速精進棋藝，但想成為特級大師，還是得靠多年的持續練習。

刻意練習的原則

發展成熟的領域受益於幾十年、甚至幾百年的成長，每個世代都將所學的知識和技能傳下去，每個人的練習方式近乎如出一轍，無論是音樂演奏、芭蕾舞，或是花式溜冰和體操等運動，都可從中發現訓練的原則相似度極高。在柏林以小提琴學生為對象進行的研究讓我認識了這種練習法，我稱之為「刻意練習」。自此之後，我就在其他許多領域研究「刻意練習」。我和同事發表針對小提琴學生的研究結果時，對「刻意練習」描述如下。

我們一開始以音樂演奏和運動為例，指出表現水準會隨著時間大幅提升，而當個人發展出越來越好、越複雜的技能和表現時，老師和教練也發展出不同的指導方法。表現的進步通常和教學方式的發展相輔相成，現今想在這些領域出類拔萃，都需要專業指導，而因爲幾乎沒人負擔得起全天候的教學，一般的模式是一週上一到幾次課，老師會交代學生在下次上課前得做哪些練習。這些練習通常都考量了學生現階段的能力，目的是迫使學生突破現有水準。這樣的練習方式就是我和同事所說的「刻意練習」。

簡而言之，刻意練習和其他有目標的練習有兩大差異：第一，**該領域必須發展得相當成熟，佼佼者的表現水準和新手有極大差距**，例如音樂演奏（顯而易見）、芭蕾和其他舞蹈、西洋棋，以及多種個人和團體運動，尤其是針對運動員個人表現評分的項目，如體操、花式溜冰或跳水。哪些領域條件不符呢？幾乎沒有或不具直接競爭性的活動，例如園藝和其他嗜好，以及現今職場的許多工作，如企業經理人、教師、電氣技師、工程師、顧問等。這些領域因爲缺乏評估表現是否卓越的客觀標準，難以找到有關刻意練習的累積知識。

第二，**刻意練習需要有個老師提供可以幫助學生改善表現的練習活動**。當然，要有這樣的老師，代表得先有人透過可以傳授的練習方式，達到某種技能水準。

以上定義讓我們清楚區分出有目標的練習和刻意練習——前者費盡心力鞭策自己進步，後者除了有目標外，還掌握資訊，尤其能化頂尖專家的成就爲知識和標竿，了解這些佼佼者爲何能站上顚峰。刻意練習等於是有方向和方法的目標練習法。

簡單來說，刻意練習具有下列特色：

- **刻意練習培養的技能已經有其他人知道該怎麼做，也已建立成效頗佳的訓練技巧。**設計練習方式及負責監督的老師或教練應該熟悉頂尖專家的能力，並清楚該如何以最好的方法培養這些技能。
- **刻意練習只在跨出舒適圈後才能奏效，需要學生不斷嘗試去突破現階段的技能水準。**這意味著幾乎得傾盡全力，所以往往不會太有樂趣。
- **刻意練習必須有定義清楚明確的目標，且往往涉及改進想要達到的表現的某個面向，而不能只設定模糊的整體改善目標。**整體目標設定完成後，老師或教練會制訂計畫，其中的一連串改善細項便會累積成向前邁進的一大步。改進想要達到的表現的某個面向，可以讓學生看見自身表現已經藉由訓練改善了。
- **刻意練習是「刻意」進行的，也就是必須全神貫注，有意識地行動。**光是遵從老師或教練的指導是不夠的，還得專注於自身練習的具體目標，才能適時調整，以掌控練習過程。
- **刻意練習包含意見回饋，並根據該回饋調整努力方向。**訓練初期得到的意見回饋多來自老師或教練，他們會監控訓練過程、點出問題，並提出解決之道。隨著時間和經驗累積，學生也必須學會自我監督、察覺錯誤，隨之因應調整，而自我監督的本領則仰賴有效的心智表徵。

- **刻意練習既能產生有效的心智表徵，也仰賴心智表徵運作。**提升表現和改善心智表徵相輔相成，表現提升了，心智表徵就變得更精細有效，然後反過來讓表現更上一層樓。心智表徵有助於監控練習和實際上場時的狀況，讓人以正確的方式行動，也能察覺錯誤，並加以改正。
- **刻意練習幾乎等於加強或調整先前習得的技能，必須著重該技能的特定面向，努力改善；而隨著時間過去，這一步一步的改善最終會打造出專家級表現。**因為新技能以既有技能為基礎，老師必須在一開始就教導正確的基本功，這樣學生後來達到更高階的水準時，才不必從頭學習基本技能。

這樣應用刻意練習原則

根據前面的定義，刻意練習是一種非常專門的練習，需要老師或教練指派有助於改善特定技能的練習方法。老師或教練得從高度發展的專業知識中汲取最理想的指導方式，該領域本身也必須成熟發展到具有可以傳授的技能。符合這些條件的領域不多，有音樂演奏、西洋棋、芭蕾舞、體操等，在這些領域中，的確有可能運用最嚴格意義上的刻意練習。

不過別擔心，就算所處的領域不可能運用最嚴格意義上的刻意練習，還是能善用刻意練習的原則作爲方針，發展出自身領域中效果最佳的練習法。

再以記憶長串數字舉個簡單的例子。史提夫努力增加記憶的位數時採用的顯然不是刻意練習法，當時沒人能記下四、五十位數，紀錄也顯示只有少數記憶專家能記住超過十五位數。缺乏既有的訓練方法，自然也沒有據此授課的老師，史提夫得靠試誤法自行摸索。

而今天，有數百人接受記憶長串數字的訓練，希望可以參加記憶競賽。有些人能記住三百多位數，究竟是怎麼辦到的？不是藉由刻意練習，至少不是最嚴格意義上的刻意練習。就我所知，世界上並沒有記憶長串數字的老師。

不過，如今和史提夫練習提升記憶力的時代已經有所不同：有些訓練記憶長串數字的技巧廣爲流傳，多由史提夫發展的方法變化而來，也就是先記下一組組以二、三、四位數爲單位的數字，然後將各組數字安排在提取結構中，以供稍後依序回想。

我和胡誼合作時，就從研究對象王峰身上目睹了這項技巧。來自中國的他在二〇一一年的世界記憶力錦標賽中，以一秒一個數字的速度記下了三百位數，創下當時的世界紀錄。胡教授的助理曾經測試王峰的記憶登錄技巧，清楚顯示他採用的方法與史提夫的原理相似，細節卻有很大的不同，且更精心設計。王峰使用的方法，就是基於前面提到的那些廣爲流傳的技巧。

王峰首先發展出一組可以記憶的影像，分別與00到99這一百組數字配對。接著，他構思出可以在心中以明確順序造訪各個實際位置的「地圖」，可說是「記憶宮殿」的現代版——從古希臘時代起，人們便使用這個方法記憶大量資訊。王峰聽見一連串數字，便以四位數爲單位，將前兩位數和後兩位數登錄爲對應的影像，然後把這兩個影像放在心智地圖中的適當位置。例如，他在某一回的測試中便將四位數6389登錄爲「香蕉」（63）與「和尚」（89），放入心中的一個鍋子，然後告訴自己：「鍋裡有香蕉，和尚剝香蕉。」等到一整串數字全部念完後，王峰便沿著心中的地圖一步步記起各個位置上的影像，再將影像轉換回對應的數字。他就像史提夫一樣善用長期記憶，將長串數字和已存入長期記憶中的物件連結在一起，因此絲毫不受短期記憶所限，只是王峰的方法比史提夫的精細有效許多。

現今參加記憶競賽的人能夠汲取前人的經驗，而要找出最佳模範很簡單，因爲成功標準在於記憶位數的多寡。先找出這些前輩有超凡表現的主因，接著發展出可以培養相同能力的訓練技巧。雖然沒有老師幫忙設計練習課程，也可以參考前輩在書籍或訪談中分享的建議，記憶專家往往也樂於幫助想習得同樣技巧的人。因此，**儘管記憶數字的訓練方式嚴格說來不算刻意練習，卻掌握了最重要的元素——以頂尖前輩爲師**。事實也證明，如此一來便能迅速精進。

在任何領域想要進步的基本藍圖，就是盡可能運用刻意練習。所處的領域如果有可能採用刻意練習，就應該放手去做；若條件不足，也應該盡可能運用刻意練習的原則，實際上就是加幾個步驟擴充目標練習法：**先找出頂尖專家，弄清楚他們做了些什麼才能如此成功，接著發展出讓自己可以做到那些事的訓練技巧**。

要決定誰是專家，最好採用客觀標準來判斷。這在具有直接競爭性的領域相對簡單，例如個人運動和比賽。在表演藝術界挑出佼佼者也算容易，儘管評審的主觀意見會有影響，但針對表現是否頂尖，已有公認標準及具體要求（若運動員或表演者參與的是團體比賽或演出，則比較難判定，但還是能清楚區分出個人所屬的團體是頂尖、中階或最遜色的）。然而，要在其他領域分辨出眞正的專家可能就很難了，例如要怎麼找出最頂尖的醫生、飛行員或教師？最頂尖的經理人、最頂尖的建築師或最頂尖的廣告製作人呢？

一個領域若缺乏規範、直接競爭性或客觀評量表現的標準（例如以分數或次數判斷），想要從中找出頂尖人物，千萬得提醒自己：主觀判斷本身就容易產生各種偏見。

研究顯示，人在評斷他人的整體能力和專業時，容易被教育背景、經驗、認同、年資，甚至友好程度和吸引力影響。例如之前就提過，人往往認定經驗較豐富的醫生會勝過經驗較少的同行，也以爲學歷較高者能力必定較出衆。研究指出，就連評量起來比多數領域客觀的音樂表現，評審都難免被表演者的名聲、性別和外貌吸引力等不相干的因素影響。

在許多領域中，公認的「專家」其實以客觀標準來衡量表現未必頂尖，我最常以「品酒專家」爲例說明此現象。許多人以爲品酒專家異於常人之處，在於高度發展的味覺，因而能嘗出各種酒之間的細微差別。不過研究顯示，他們的能力被過度誇大了。例如，不同專家對同一支酒的評價可能有天壤之別，儘管大家對此已司空見慣，但《葡萄酒經濟學雜誌》於二〇〇八年刊出的一篇文章，就報導了品酒專家有自相矛盾的情形。

羅伯特．哈吉森在加州擁有一座小型酒莊，他曾經連繫每年都有數千支酒參加比賽的加州酒展，向首席評審提議共同進行一項實驗：舉辦一場比賽，每位評審要一次品三十杯酒，酒都沒有標示說明，避免評審被名聲或其他因素影響。哈吉森提議這三十杯酒中，有三杯要出自同一支酒，好知道一模一樣的酒得到的評價會相同，還是有所差異。

首席評審同意後，哈吉森便於二〇〇五至二〇〇八年之間在加州酒展進行了四回實驗，結果發現，幾乎沒有評審給這三杯完全相同的酒一樣的分數。評審的評分差異通常是加四分或減四分，例如第一杯酒是九十一分，第二杯是八十七分，第三杯則是八十三分。這樣的分數帶來顯著的影響：九十一分是能賣得高價的好酒，八十三分則代表品質普通。有些評審將這三杯酒的其中一杯評為金牌獎等級，另一杯是銅牌獎，甚至一個獎也沒有。以同一年度來看，有些評審的評分較其他評審一致，但拿不同年度來比較，某一年評分標準一致的評審，另一年又失去了一致性。這些評審是侍酒師、酒評家、釀造者、葡萄酒顧問和酒商，卻沒有一個可以始終維持一致性。

研究顯示，許多領域中的「專家」，其表現未必始終勝過被認為較遜色的同行，有時甚至贏不過從未受過專業訓練的人。心理學家羅賓．道斯在深具影響力的《紙牌屋：奠基於迷思的心理學與心理治療》一書中提到，研究顯示，有執照的精神科醫師和心理學家進行諮商的效果，並不優於僅接受過簡單訓練的普通人。許多研究也發現，財務「專家」的選股能力其實幾乎和新手或隨意選股差不多。本書之前也提到，擁有幾十年經驗的醫生在客觀評量之下，有時甚至不及執業才幾年的醫生，主要是因為年輕醫生離開醫學院的時間較短，接受的訓練相對較新，記憶也更清晰。與一般預期相反，從許多科別的醫生和護士的表現看來，**經驗未必能讓表現提升**。

其中的教訓很清楚：尋找頂尖專家必須審慎。理想狀況下，應該要以客觀標準評量技能；若缺乏既定標準，就盡可能保持客觀。比方說，有些領域的技能或成果可以直接觀察到，例如撰寫劇本或電腦程式，品質優劣往往可以從同儕評比得知一二，但也得留意無意識偏見可能造成的影響。然而，許多行業的工作是單獨進行的，像醫生、心理治療師、教師等，同行之間可能毫不清楚彼此的工作，或是看診、教學的成果，所以最好去尋找和許多專業人士合作密切的人，例如某個護士可能在多項外科手術中扮演重要角色，因而能夠比較不同手術團隊的表現，找出其中最頂尖的人。另一個方法是觀察專業人士面對棘手狀況時會尋求誰的協助，請教他們心中認定的同領域佼佼者是何人，但務必了解他們是以哪些經驗和專業知識來判定專家的程度高低。

在一個你已經很熟悉的領域中——例如自己從事的工作——請仔細思考所謂的好表現應該具備哪些特質，就算難免主觀，也應該設法找出評量方式，然後根據自己認定的傑出表現定義，去找出最符合資格的人。記住，理想的評量方式是客觀、可重複應用，並能始終一致地辨別出頂尖人士和一般人；若無法達到理想狀況，就盡可能接近理想。

找出某個領域的頂尖專家後，下一步就是具體了解他們爲何強過其他能力較遜色的人，又是透過什麼樣的訓練方法達到這個境界。這個步驟未必容易。爲什麼有些教師比較能帶動學生進步？爲什麼某位外科醫師的手術結果較同行理想？爲什麼某個業務員的業績總是比較亮眼？你也可以請該領域的專家觀察不同人的表現、討論其優缺點，但就算是專家，也未必能準確洞察頂尖人士出色之處。

原因出在心智表徵占據了重要地位。許多領域中的卓越表現都源自高品質的心智表徵，而心智表徵本來就不是可以直接觀察到的。這裡再次以記憶長串數字爲例，如果某人看影片比較史提夫．法隆重述八十二位數和王峰重述三百位數，何者技高一籌無庸置疑，但要分析原因可就難了。我因爲花了兩年收集描述史提夫思考過程的訪談資料，還設計實驗測試他的心智表徵，自然了解原因何在，而相同的方法在和胡誼一同研究王峰時也能再度應用。由於研究過十餘位記憶專家的心智表徵，找出史提夫和王峰之間的主要差異對我來說輕而易舉，不過這是特例，而非絕對，連心理學研究人員也是近期才開始探索心智表徵對能力高低的影響，而且難以針對某個領域肯定地表示：「這個領域的頂尖專家都運用這幾種心智表徵，而它們比其他種類的心智表徵有效的原因在此。」你如果對心理學有興趣，可以和頂尖專家聊聊，試著了解他們用何種方法因應挑戰，又是基於什麼理由。不過就算如此，恐怕也只能知道一小部分他們超凡表現的原因，因爲專家本身往往也不清楚，第七章會再深入說明這一點。

幸好，有時未必需要弄清楚專家出衆的原因，只要弄清楚他們的訓練方式有何不同就可以了。例如一九二〇和三〇年代，芬蘭賽跑選手帕沃．努爾米在一千五百公尺到二十公里的項目中共創下了二十二項世界紀錄。有好些年，無論他參加多長距離的賽跑項目，對手都望塵莫及，只能競爭第二名。但最後，其他選手還是發現努爾米的優勢歸功於新的訓練技巧，例如使用碼表調整自己的速度、利用間歇訓練提升速度、爲了確保自己永遠在訓練狀態而實踐全年的訓練計畫。這些訓練技巧廣爲採用後，果眞提升了整個賽跑界的表現。

因此，我們可以歸納如下：找出專家後，就去弄清楚這名專家做了些什麼和其他人不一樣的事，足以解釋他爲何有傑出表現。就算他做的許多不一樣的事和傑出表現也許並無關連，但這至少是個起點。

請記住，上述過程是要讓自己進行有目標的練習時能掌握更多資訊，將它引導到更有效率的方向。如果發現做某件事有效，就繼續做，無效就停止。越是能以自身領域中的佼佼者爲模範，爲自己量身訂做訓練方式，訓練就越可能奏效。

最後還要記住，條件允許的話，最理想的方法永遠是跟著優秀的教練或老師學習。高效指導者了解怎麼做才能訓練有成，也能依據學生的個人需求調整訓練。

音樂演奏或芭蕾舞等領域特別需要這樣的專人指導，想在這些領域中成爲專家，至少得花十年以上的時間累積訓練，而想練好某項技能，往往得奠基於之前練熟的功夫。專業知識深厚的指導者可以帶領學生奠下良好基礎，然後逐漸在那個基礎上發展出該領域應有的技能。以學習鋼琴爲例，學生一開始得學會正確的手指擺放位置，雖然手指擺得不好或許也能彈出較簡單的曲子，但想演奏複雜的樂曲，正確的習慣便是關鍵。經驗豐富的老師了解這一點，而學生無論學習動機再強，都很難靠自己想出這樣的道理。

此外，好老師還能提供無法以其他方式得到的珍貴回饋。**有效的意見回饋不只是反應做得正確與否**，例如好的數學老師不會只看學生有沒有答對，還會檢視學生究竟是如何算出答案的，以了解學生運用的心智表徵；如果有需要，也會提供意見，教導學生如何更有效地思考問題。

一萬小時法則根本不是個法則!?

一九九三年，賴夫・克拉普、克萊蒙・泰斯羅姆和我發表了以柏林藝術大學小提琴學生為對象的研究結果，許多研究頂尖專家的科學文獻採用了這些發現，而多年來也有許多研究人員加以引用。然而，我們的研究結果卻是在二〇〇八年麥爾坎・葛拉威爾出版《異數》一書後，才大大引起科學界以外的矚目。葛拉威爾談到成為某領域佼佼者的必要條件時，提出了聳動的「一萬小時法則」。根據這個法則，想要在多數領域中成為專家，必須花一萬個小時練習。我們的確在研究報告中提到，頂尖小提琴家二十歲前花在獨自練習的平均時數為一萬小時。葛拉威爾自己估計，披頭四樂團於一九六〇年代初期在德國漢堡演出時花了約一萬個小時練習，比爾．蓋茲也投注了約一萬個小時寫程式，發展出的技能才得以建立微軟、拓展企業。葛拉威爾建議，這基本上適用於任何領域：不下功夫練習一萬小時，就無法成爲專家。

這個法則非常吸引人，而且很好記，如果那些小提琴家二十歲前投入的練習時間是一萬一千小時，就不那麼朗朗上口了。此外，這個說法也滿足了人對於簡單因果關係的偏好：在任何事物上只要花一萬個小時練習，便能成爲高手。

可惜，這個法則有諸多錯誤（其中倒是有一項正確的論述十分重要，稍後會說明），卻是現在許多人對練習成效的唯一了解。

首先，一萬小時毫不特別，也不具任何魔力。葛拉威爾大可提出頂尖小提琴學生到十八歲時平均投入的練習時數，也就是約七千四百小時，結果卻決定採用他們到二十歲時累積的練習時數，就因爲那是個漂亮的整數。無論採用哪個數字，那些學生當時的程度絕對不到小提琴大師等級，雖然表現優異、前途看好，的確很可能在該領域出人頭地，但參與我們的研究時，他們還有漫漫長路要走。贏得國際鋼琴競賽的鋼琴家大約都得熬到三十歲才有此成就，那時的他們大概都已投入兩萬到兩萬五千個小時練習，一萬小時等於才走到半路。

而練習時數也因領域不同有所差異。史提夫．法隆才花了兩百個小時練習，就成爲記憶長串數字的世界第一人。雖然我不清楚現今最頂尖的數字記憶專家在成爲世界第一之前究竟投資了多少時間，但應該遠低於一萬小時。

第二，頂尖小提琴家到二十歲時累積的一萬小時只是平均值，該組的十位小提琴學生中，有一半到了二十歲時根本還沒累積一萬小時的練習。葛拉威爾誤解了這一點，還錯誤地宣稱該組小提琴學生「全部」累積了一萬小時的練習時數。

第三，葛拉威爾並未將我們研究的音樂家使用的刻意練習法，和其他任何可稱爲「練習」的活動區分開來。例如，他提出的一項重要佐證，是披頭四於一九六〇至一九六四年在漢堡一場接一場演出期間，累積的時數符合一萬小時法則。葛拉威爾表示，他們約有一千兩百場表演，每場長達八小時，總計將近一萬小時。馬克·路威森於二〇一三年出版了詳盡描寫披頭四的傳記《調諧》，書中針對這一點提出質疑，並詳細分析，指出一千一百小時的演奏時數比較貼近事實。所以，披頭四花了遠少於一萬小時練習，就成爲世界級的成功人物。然而，更重要的是，**「演奏」和「練習」並不相同。**當然，披頭四必定因爲在漢堡長時間的演奏而功力大增，夜復一夜地演奏同樣的樂曲格外有幫助，這讓他們有機會從聽衆或自身得到演奏方面的意見回饋，並尋找方法改進。不過，在聽衆面前演奏一小時的重點在於傾全力完美演出，這不同於有目標地專注練習一小時，全心放在處理某些弱點，改善某些部分，而這種練習正是讓柏林藝術大學小提琴學生進步的關鍵。

路威森還提出一個密切相關的問題：披頭四的成功不在於完美演出他人的樂曲，而在於樂團本身的音樂創作能力。因此，如果要從練習的角度解釋披頭四爲何成功，必須找出約翰．藍儂和保羅．麥卡尼兩大創作主力的作曲能力是如何發展、改善而來的。披頭四在漢堡一場場演出累積的時數對藍儂和麥卡尼的作曲能力幾乎沒有幫助，所以披頭四的成功應該從別的角度解釋。

鎖定特定目標的刻意練習和一般練習法之間的差異顯著，因爲並非每種練習方式都能帶來我們在音樂學生和芭蕾舞者身上看見的技能進步。一般而言，**刻意練習和設計來達成特定目標的相關練習法，都包含個人化訓練，這些多得獨自進行的訓練活動就是爲了加強某部分的表現**。

一萬小時法則還有最後一個漏洞。儘管葛拉威爾自己並未表示只要練習一萬個小時，幾乎人人都能成爲某個領域的專家，許多人卻將之詮釋爲一個「承諾」，以爲這麼做絕對奏效。可是，我的研究完全沒有暗示這一點。若要呈現這樣的結果，我當初就必須讓隨機選出的受試者以刻意練習法練習小提琴一萬個小時，然後探究成果。我們的研究其實只單純指出，在程度好到足以進入柏林藝術大學音樂學院就讀的學生中，頂尖學生花在獨自練習的時間平均比傑出組的學生多很多，而頂尖組和傑出組的學生又比優等組學生花了更多時間獨自練習。

是否人人都能透過足夠的費心練習成爲自身領域中的頂尖專家，這點有待討論，我也會在下一章就此分享想法，不過當初的研究絕對沒有提出這一點。

葛拉威爾倒是說對了一件事，也是值得重述的關鍵：如果所處領域有著人們努力變成專家的歷史背景，想有卓越表現，就得長年投入極大量的精力，就算未必是整整一萬小時，也必定是非常可觀的時數。

我們已經在西洋棋和小提琴上面看到這一點，但研究一再顯示在許多領域情況也雷同。作家和詩人在寫下最好的作品前，往往已經有超過十年的寫作經驗；科學家最重要的研究發表時，距離首次發表研究結果大約也是十年，這還不包括第一個研究發表之前多年的學習和研究。心理學家約翰·海耶斯曾經以作曲家爲對象做過研究，發現作曲家從開始學習音樂，到創作出眞正出色的樂曲，平均需要二十年，幾乎不可能少於十年。葛拉威爾的一萬小時法則抓到了這個基本事實：在人類努力耕耘的衆多領域中，想成爲世界頂尖，需要許多年、許多年用心自我鞭策的練習，這是件好事。

另一方面，強調想在音樂、西洋棋或學術研究等競爭激烈的領域中出類拔萃要付出些什麼，常讓大家忽略了我們的小提琴學生研究中我認爲更加重要的訊息。所謂得花一萬個小時——反正就是大量時間——才能眞正擅長某件事，等於把焦點放在這項任務令人卻步的那一面。有些人可能視之爲挑戰，心想：「我只要這樣努力一萬小時，就能成爲世界頂尖！」不過，因此打退堂鼓的人卻也不少：「要花一萬小時才能變得傑出，又何必嘗試？」連環漫畫《呆伯特》中的狗伯特曾經在觀察後說道：「願意花一萬個小時重複做同一件事，應該是腦袋有毛病吧。」

然而，我對這項核心訊息有完全不同的看法：在幾乎所有人類努力耕耘的領域中，只要**訓練方法正確**，人人都有極大的能力可以改善自身表現。練習幾百個小時，幾乎一定會有長足進步——想想兩百小時的練習爲史提夫・法隆帶來些什麼——但這僅僅觸及皮毛。你可以一直、一直練習，變得越來越棒、越來越棒，進步多寡，完全取決於自己。

一萬小時法則因此有了截然不同的詮釋：**你之所以必須投入一萬小時或更多時間練習，以成爲世界頂尖的小提琴家、西洋棋棋士或高爾夫球員，是因爲與你比較或競爭的人各個都投入了至少一萬小時或更大量的時間練習**。

表現沒有最高極限，多付出的練習不可能徒勞無功，因此，想要在競爭激烈的領域中成爲人上人，就必須投入成千上萬個小時專注地下苦功，才有機會和其他也選擇如此用盡心力的人一較高下。

回顧歷史，只要運用特定方式練習，進步是沒有極限的。訓練技巧不斷改進，成就也越來越驚人，在人類努力耕耘的每個領域中，不斷有人找到方法寫下新紀錄，打破之前被視爲不可能達到的極限，而且毫無停歇的跡象。人類潛能的範圍，正隨著每個新世代的出現不斷擴展。

第5章

在工作上運用刻意練習原則

將一般的職場活動轉換為運用「刻意練習」的機會。一旦了解經常練習的重要，察覺這樣做可能帶來的進步，平日便會利用機會化一般的工作為練習活動；久而久之，練習便只是日常工作的一部分而已。

一九六八年，越戰正打得如火如荼，美方海軍和空軍的戰鬥機飛行員常得對抗開著俄製米格戰鬥機的北越空軍，和這些俄羅斯訓練有素的敵軍展開空中廝殺，美軍的狀況不佳。之前三年，海軍和空軍的戰鬥機飛行員大概贏了三分之二的空戰，每被擊落一架戰機，他們就擊下兩架北越戰機。不過，一九六八年的前五個月卻近乎被打成平手：美軍擊落九架米格戰機，卻也失去十架自家的戰機。此外，一九六八年夏季時，海軍共發射了五十枚空對空飛彈，卻一架米格戰機也沒擊落，海軍高層於是認爲情勢該有所改變了。

當初做出的改變也促成了現今被暱稱爲「Top Gun」的知名學校，正式全名爲「美國海軍攻擊戰鬥機戰術指導學程」（前身爲美國海軍戰鬥機武器學校）。這所學校教導海軍飛官如何提升戰鬥效率，希望可以在空戰中重占上風。

海軍設計的這項課程包含許多刻意練習的元素，尤其是提供機會讓受訓飛官在多種情境下嘗試不同的策略，同時也給予意見回饋，然後讓他們運用所學。

負責訓練的飛行員都是海軍的萬中之選，在和學員進行空中對戰時扮演北越敵軍飛官。這些教練飛官統稱爲紅軍，開的機型類似米格戰機，運用的也是北越飛官學到的蘇聯戰術，以求模擬北越最頂尖的飛行員。不過，倒是有個與實際作戰不同之處：飛機配備的不是飛彈和子彈，而是攝影機，目的是錄下每回空戰交鋒的狀況，此外也利用雷達追蹤和記錄。

進入 Top Gun 學院的學員是繼教練飛官之後的明日頂尖飛行員，統稱爲藍軍，駕駛的是美國海軍戰機，也沒有配備飛彈或子彈。這些學員每天都坐進機艙，迎向紅軍。飛行員在一場場戰鬥中挑戰著飛機和個人極限，冒著犯錯的風險，好了解飛機與自身的能耐，以及如何從中激發出最好的表現。他們也會在各種情境下嘗試不同的戰術，希望以萬全的準備迎戰敵軍。

紅軍的飛官是海軍中最優秀的一群，所以通常都在空戰中獲勝。教練的能力只會更加優越，因爲每幾週就有新梯次的學員進入 Top Gun 學院，教練在學院中一個月一個月累積的經驗豐富到學員的各種招式都見識過了。每個梯次的藍軍學員在開始接受空戰訓練的頭幾天，尤其會被打得落花流水。

但這不打緊，因爲眞正的重點在飛機降落後才開始，也就是海軍所謂的「行動後報告」。教練在討論時會不斷逼問學員：飛行時注意到什麼？採取了什麼行動？爲什麼這麼做？有哪些失誤？本來還可以怎麼做？必要時也會播放雙方交鋒的影片，並提供雷達錄下的資訊，指出空戰中發生的細節。教練在詢問過程中和詢問結束後會建議學員以不同的方式作戰、要留意的地方，以及面對不同情境時該有的思維，然後隔天在空中從頭到尾操作一次。

久而久之，學員學會了自我提問，因爲自我質疑比被教練詢問自在，隔天飛行時也會謹記前一天的討論心得。學員漸漸因爲內化了學習的內容，而能不假思索地應對，慢慢地在對抗紅軍的空戰中有所進步。比起沒有參加特訓的同袍，訓練結束時的藍軍飛行員累積了更深厚的空戰經驗，回到原屬單位後擔任隊上的訓練官，將所學傳授給同單位的飛行員。

此項訓練成果斐然。美軍在一九六九年一整年停止轟炸，因此那年沒有進行空戰。不過，戰事於一九七〇年再起，也重啓戰鬥機空中對戰。接下來一九七〇至七三年的三年間，美國海軍飛行員的表現是每被擊落一架戰機，就打下平均十二．五架北越戰機，同時期美國空軍飛行員的勝率則和轟炸暫停前的二比一差不多。Top Gun 訓練的成效可清楚見於「交鋒擊敗率」這個統計數字。美軍於整場戰爭中平均每五次與敵軍交鋒就擊下一架敵軍戰機，但是到了一九七二年，也就是全年作戰的最後一年，海軍飛行員的交鋒擊敗率提升到每次對戰都能擊下一．〇四架飛機；換句話說，海軍飛行員每回與敵軍交戰，平均都能擊下一架敵軍戰機。

美軍空軍注意到 Top Gun 訓練成效驚人，之後也成立訓練課程，以協助空軍飛行員提升空中作戰能力。越戰結束後，海軍和空軍的這些訓練依舊持續進行，第一次波斯灣戰爭期間，這些訓練更發展到飛行員的技能讓其他國家望塵莫及。第一次波斯灣戰爭的七個月裡，美國飛行員在空中戰鬥中擊落三十三架敵軍戰機，自己只被打下一架，這也許是空戰史上最具支配性的表現。

美國海軍在一九六八年遭遇的問題，對各行各業的人來說都不陌生：接受過訓練，且已從事相關工作的人想提升表現，最好的方式爲何？

在美國海軍的例子中，當時的問題在於飛行員的訓練並不足以讓他們迎戰其他想將美軍擊落的戰機。以其他戰事的經驗來看，飛行員若是贏得第一場空戰，在第二戰中平安無事的機率也高出許多，而且飛行員的空戰經驗越豐富，越可能贏得下一場對戰。事實上，飛行員如果贏得約二十場空戰，接下來兩場的勝率幾乎是百分之百。當然，這種邊做邊學的訓練方式缺點在於必須付出慘痛的代價，那時的海軍每擊落兩架敵機，自己就失去一架，甚至一度被打成平手，每擊下一架敵機，自己也被擊落一架。而每次有飛機被擊落，機上的飛行員便難逃一死或淪爲戰俘；若是兩人座的飛機，一同出戰的無線電攔截官也難逃相同命運。

沒有太多領域會因爲表現不佳而必須以死亡或成爲戰俘爲代價，卻也有許多錯誤會導致慘痛的結果。以醫學界爲例，醫生不會因此有生命危險，病人卻可能面臨生死關頭。此外，商業上的失誤也可能導致失去時間、金錢和未來的商機。

幸好，美國海軍設計出的飛官訓練課程沒有太大的風險（當然並非毫無危險，由於訓練很辛苦又挑戰飛行員的技能極限，所以偶有飛機失事，甚至有少數飛行員喪命，但風險還是比飛行員靠實戰來學習小多了）。Top Gun 訓練在沒有致命危險的情況下，提供飛行員嘗試不同戰術的機會和犯錯的空間，飛行員也能透過教練的意見回饋，了解如何改進，隔天學以致用，就這樣不斷地循環精進。

無論對象是戰鬥機飛行員、外科醫師或商業經理人，設計富有成效的訓練本來就不容易。從 Top Gun 訓練課程的歷史可以了解，美國海軍當初也是透過試誤摸索出這條路。比方說，當時出現空戰應該多擬眞的爭論，有些人認爲應該下修一些，以減輕飛行員和飛機承受的風險，有人則表示應該比照實戰盡可能挑戰飛行員的極限，幸好最終採取的是後者。以現今刻意練習的研究來看，飛行員因爲承受挑戰而**離開舒適圈**，學習效果才這麼好。

就我的經驗，以頂尖專家爲對象的研究結果可以應用於今日許多工作場合，以提升表現——基本上就是爲不同領域設計 Top Gun 訓練，這當然只是比喻，而不會有戰鬥機、六倍重力加速度轉彎，也沒有小牛、毒蛇或冰人等代號（除非自己想要）。我的意思是，只要按照刻意練習的原則去做，便能想到方法找出某個領域的頂尖專家，然後訓練其他略遜一籌的人，使其能力成長到頂尖。如此一來，便有可能提升整個組織或行業的表現。

將練習融入工作中

放眼各個專業領域，不乏以提供意見協助改善表現的人，商業界尤其如此。這些人以顧問、指導員或教練自稱，出書、演講、舉辦研討會，滿足客戶對競爭力永不停止的需求。市面上五花八門的各種做法中，最可能奏效的，就是與刻意練習最類似的方法。

這幾年，我一直與一個這樣的人保持連繫，他了解刻意練習的原則後，便將這些原則融入他對企業領導人的訓練和指導。來自華盛頓州科克蘭的亞特．杜洛克二〇〇八年第一次連繫我，當時我們的討論集中在短跑，而非企業領導力。亞特常參加大師級田徑賽，我則對短跑選手的訓練方式深感興趣，原因之一是偉大的短跑選手華特．狄克斯那時長期代表佛羅里達州立大學出賽，而我就在這個學校任教，所以和亞特一開始便有一些共同處。亞特是從《財富》雜誌的一篇文章讀到對刻意練習的描述和我的名字，而從對話中我察覺到，他對於如何將刻意練習同等運用於商業和跑步上深感興趣。

亞特從一開始就非常認同刻意練習的心態，表示人應該離開舒適圈以練習新技能、提升能力，並強調意見回饋的重要。他也研究了幾位全球頂尖企業領導人的特質，例如長年擔任美國奇異公司董事長兼執行長的傑克．威爾許，希望了解人們應該發展哪些領導能力、業務技巧、自我管理能力，才能成爲菁英。

他傳達給客戶的訊息從「心態」開始。提升組織表現的第一步，便是要了解參與者必須拋棄既有工作方式才可能進步。想做到這一點，就得先找出並排除三個常見的迷思。

第一個迷思我們已經談過：人的能力受限於天生注定的特質。這種信念常見於各種「我沒辦法」「我沒有」或「我不是」的說法中：「我就是沒有什麼創意。」「我沒辦法管人。」「我對數字一竅不通。」「我沒辦法做得比這更好了。」不過，正如之前證明過的，幾乎人人都能藉由正確練習方式的幫助，在自己選擇的任何領域中精進。我們可以塑造自己的潛能。

亞特很有技巧地向客戶說明這一點。和企業領導人談話時，如果有人展現出「我沒辦法」或「我不是」的態度，他就會像職業美式足球隊的教練不服裁判的判決一樣，丟出抗議紅旗，用意在提醒這些表達負面念頭的人應該重新評估並調整想法。會議室中突然出現紅旗，使得氣氛變輕鬆，卻也同時將他要強調的重點烙印人心：心態絕對重要。

第二個迷思是只要經驗夠多，一定會進步。這點之前也說明過了。以一成不變的方式一再重複做某事，不但無法進步，反而會造成停滯和逐漸退步。

第三個迷思是想求進步只須努力。只要夠努力，就會有所進步。想成爲更好的管理者，再努力一點；想增加銷售業績，再努力一點；希望提升團隊表現，再努力一點。不過，現實狀況是管理、銷售、團隊合作都屬專業技能，除非運用特別爲這些技能設計的方法練習，否則光靠努力進步有限。

刻意練習的心態則提供了截然不同的觀點：**任何人都可能進步，不過得用對方法**。停滯不前並非因爲缺乏天分，而是練習的方式錯了。一旦了解這一點，進步只關乎能否找出「正確的方法」。

這當然是亞特和他許多訓練界的同行共有的目標，只不過亞特提供的意見常奠基於刻意練習的原則。他稱其中一個方法爲「邊做邊學」。

這個方法適用於忙碌到少有時間練習技能的商業人士。這個族群身處的狀況與鋼琴家或職業運動員大不相同，後者因爲演出、比賽的時間相對較少，因而每天都能投入許多時間練習。所以，亞特的目標是**將一般的職場活動轉換爲有目標的練習或刻意練習的機會**。

例如，公司裡的典型會議可能是一個人在前面用 PowerPoint 簡報，其他經理人和同事坐在黑暗中努力保持清醒。做簡報雖然是因爲有商務需求，但亞特認爲經過重新設計，這也能成爲會議室中人人適用的一次練習。可能的進行方式如下：報告人選定簡報時要著重改善的技能，例如說的故事要引人入勝，或是報告時少盯著檔案以增加即興性，然後就在簡報時努力針對這些部分改善。與此同時，聽眾則針對報告人的表現做筆記，之後練習提供意見回饋。如果只進行一次，報告人也許能獲得一些有用的建議，但影響是大是小很難說，畢竟這樣的單次練習若有幫助，可能也很有限。不過，企業若能在所有的會議中規畫這樣的練習，員工便能在多種技能上逐漸進步。

亞特已經在許多公司推行這套練習，其中有《財富》雜誌五百大企業，也有地方上的中型企業，其中一家叫「藍兔」的冰淇淋公司採用這套做法後，甚至加入自家色彩。該公司的區域業務經理會定期拜訪主要客戶，包括連鎖超商和其他販賣多種冰品的店家，也會一年數次和公司的資深業務經理討論下一波銷售策略。傳統上，對客戶的報告只是更新銷售資訊，藍兔公司卻成功將練習融入其中。針對下一波銷售策略中最困難的部分，會議以角色扮演的方式進行，由區域業務經理向一名同事扮演的客戶方主要採購人員做簡報。簡報結束後，與會的其他經理人會回饋意見給那位區域業務經理，提出他表現得理想的地方，又有哪些部分需要調整、改善。那位業務經理隔天會再簡報一次，同樣得到一些意見回饋。兩次練習都會錄影，以供經理人回顧自己的表現，等到實際面對客戶時，簡報已經潤飾改善到遠超過原本的表現。

「邊做邊學」的好處之一在於人會因此習慣練習，並常將練習放在心上。一旦了解經常練習的重要，察覺這樣做可能帶來的進步，平日便會利用機會化一般的工作爲練習活動；久而久之，練習便只是日常工作的一部分而已。這樣的練習若是進行順利，造就出來的心態便會遠遠不同於只在特別場合練習的心態，聘請顧問來訓練就屬後者。這種「由練習驅動」的心態與頂尖專家的心態非常相似，頂尖專家正是如此時時練習，並尋找加強技能的方法。

商界或專業人士若想找出有效的改善方式，我的建議是尋找遵循刻意練習原則的方法：這套方法能否讓人離開舒適圈，嘗試帶有挑戰性的事物？能否讓人即時獲得與表現和可能的改善方式有關的意見回饋？建立這套方法的人有沒有在該領域找出頂尖專家，又是否明瞭頂尖專家和泛泛之輩的不同？其設計是否著眼於培養該領域專家具備的技能？如果上述問題的答案都是肯定的，雖然未必代表該方法絕對有效，但可能性必定高出許多。

用刻意練習法訓練醫生

運用刻意練習法會面臨的一項挑戰，就是必須了解頂尖專家究竟有何與眾不同之處。該如何清楚完整地闡述高效人士特有的習慣？這個難題無論在商界或其他領域都難有確切答案。

不過還是有應對方式，而且還能運用於多種情境，在此就想成是 Top Gun 訓練尋求改善的方法。Top Gun 計畫初期，沒有人停下腳步思考頂尖飛官技能高超的原因，只是模擬眞實空戰進行訓練，好讓飛行員可以一再重複加強技能，並在無須付出輸贏代價的情況下獲得充分的意見回饋。這些都是衆多領域在規畫訓練時可參考的元素。

以判讀 X 光影像來偵測乳癌爲例，女性進行年度乳房攝影時，影像會傳送給放射科醫師檢視，以判斷乳房是否有異常之處需要進一步檢查。接受乳房攝影的女性通常沒有可能罹患乳癌的病徵，因此放射科醫師只能單憑 X 光影像分析。研究顯示，就像越戰初期的海軍飛行員一樣，有些放射科醫師的醫術就是比同行精湛。例如，從測試結果可見，有的放射科醫師在判斷良性和惡性病變的準確度就遠高於其他人。

放射科醫師在這種情況中面臨的主要問題，是**很難獲得與他們的診斷相關的有效意見回饋**，想日益進步因此受限。部分的困難則在於從乳房攝影中偵測出癌症的機率僅約千分之四至千分之八，而且就算放射科醫師觀察到疑似癌症的影像，結果也會被傳回給病患的主治醫師，放射科醫師鮮少有機會得知切片結果。放射科醫師更是極少有機會追蹤病患是否在接下來幾年罹患癌症——他們原本可以利用這樣的機會重新檢視當初的乳房攝影影像，了解自己是否漏看了癌症的初期徵兆。

在這樣的練習過程中，放射科醫師由於缺乏能帶來進步的意見回饋，往往無法隨著經驗的累積提升技能。在二〇〇四年一項針對五十萬件乳房攝影和一百二十四位美國放射科醫師進行的分析中，無法看出放射科醫師的背景——例如工作年資或每年判讀的乳房攝影影像數量等——與診斷的準確度有關。進行這項研究的學者推測，這一百二十四位放射科醫師表現不同的原因，可以回溯至他們獨立作業前接受的初期訓練。

這些醫生在完成醫學院學業和實習後、正式成爲放射科醫師之前，還必須接受四年的專科訓練，學習專業技能，在經驗豐富的前輩指導下，學會判讀乳房攝影影像。這些指導者會檢視新手的判讀結果，告知他們對異常處的診斷和觀察是否符合指導者自己的專業意見。當然，指導者的判斷正確與否也無法立即得知，根據統計，就算經驗老道的放射科醫師，在判讀影像時每千回也會漏看癌症跡象一次，而且經常提出沒有必要的切片要求。

我在美國醫學院學會二〇〇三年年會的演講中，曾建議仿效**Top Gun**的方法來訓練放射科醫師更成功地判讀乳房攝影影像。我認爲放射科醫師欠缺重複讀片的機會，每回判讀也少有意見回饋，所以提出建議：先建立一個數位資料庫，蒐集多年前病患的乳房攝影影像，同時要取得足夠的患者資料，以知道後來的發展——是否的確有癌病變存在，如果有，癌細胞又是如何隨著時間發展等等。如此一來，就能實際蒐集多個答案已知的測試問題：是否有癌細胞存在？有些影像出自從未罹癌的女性，有些影像主人的醫生則靠著這個影像正確診斷出癌症。甚至有些影像一開始就顯現出癌症，卻被醫生遺漏了，但只要有影像追蹤分析曾發現癌症存在，就應該囊括於資料庫中。理想的狀況是依照訓練價值挑選影像，若使用許多一看就知道健康或明顯有腫瘤的乳房影像，訓練價值就很低。最有幫助的影像，應該要顯示出惡性或良性的異常部分，好考驗放射科醫師。

一旦建立這樣的資料庫，就很容易將之變成訓練工具。可以寫一個簡單的電腦程式，讓放射科醫師看影像、下診斷，然後獲得意見回饋。如果醫生診斷錯誤，程式可以藉由顯現其他有類似特徵的影像，讓醫生可以針對自己的弱點做更多練習。理論上，這和音樂老師注意到某個學生很難做到某種手指動作，因而設計一系列練習讓學生得以改善那個動作沒什麼兩樣。簡而言之，這就是刻意練習。

值得一提的好消息是，澳洲就建立了一座和我的提議十分類似的數位資料庫，放射科醫師可以在此提借資料庫中多份乳房攝影影像，以自我測試。二〇一五年的一項研究指出，放射科醫師在醫院正式判讀乳房攝影影像的準確度，可從他們解讀資料庫中乳房攝影影像的表現預測出來。接下來，就是要證明資料庫的訓練確實有助於提高醫生在臨床中的準確度。

有一座類似的資料庫收集的是兒童腳踝的X光影像。二〇一一年的一項研究顯示，紐約市的摩根史坦利兒童醫院一群醫生曾針對兒童可能有的腳踝傷，蒐集了兩百三十四個病例，每個病例都包含一系列X光影像，以及患者病史、症狀的簡短說明。這群醫生就利用這個資料庫訓練放射科住院醫師。住院醫師拿到病例細節和X光影像後，必須進行診斷，尤其得判定正常或異常，若有異常，則要能指出來。接著，經驗豐富的放射科醫師會立即針對住院醫師的診斷回饋意見，說明診斷正確與否，以及有沒有遺漏之處。

負責這項研究的醫生發現，這種練習和意見回饋大幅提升了住院醫師的診斷能力。住院醫師一開始靠的是之前學得的知識，診斷結果對錯參半；經過二十回左右的練習，定期的意見回饋開始奏效，住院醫師的診斷準確度穩定提升，針對這兩百三十四個病例的診斷都逐漸進步。從各方面看來，就算有幾百個病例，診斷也能這般正確。

簡單來說，這種可以**立即提供意見回饋**的訓練，無論意見是出自指導醫師或精密的電腦程式，都能有效大幅改善表現。我也相信，若能在當下爲資淺的放射科醫師找出問題的可能根源，並針對這些問題對症下藥、調整訓練，放射科訓練的成效會更好。這等於是要更了解心智表徵在正確診斷中扮演的角色，並將此應用於訓練的設計。

有些研究人員爲了了解放射科醫師優越表現的心智運作過程，運用了我研究史提夫·法隆時採用的「放聲思考法」，因此可清楚看出頂尖放射科醫師發展出的心智表徵的確較精確，甚至也大致明白資淺的放射科醫師對哪種病例和病變最頭痛。可惜，目前還無法清楚了解頂尖和普通的放射科醫師在判斷上有哪些不同之處，因此無法針對技能較不嫻熟的放射科醫師的弱點設計訓練課程。

不過，這種訓練在腹腔鏡手術上卻很可能派得上用場，研究人員就此費心了解醫生如何成功地將幾種心智表徵運用在工作上。其中一項研究由加州大學的外科醫師羅倫斯·威伊領導的研究小組進行，目的在了解爲了移除膽囊而進行腹腔鏡手術的病患膽管爲何特別容易受損。該研究團隊在幾乎每個病例中都發現，傷害來自外科醫師將身體的某個部位誤認爲另一個。比方說，原本要切除膽囊管，卻誤切了膽管。這種誤認的情況嚴重到就算外科醫師注意到異常，還是毫無疑問或停頓地繼續進行手術。其他研究腹腔鏡手術成功因素的學者發現，頂尖外科醫師有辦法更清楚地看見身體各個部位，例如將某些組織推到一旁，好讓引導手術進行的鏡頭有更好的視野。

這正是經由設計過的練習改善表現所需的那種資訊。知道頂尖腹腔鏡手術醫師**做對了什麼**，也知道了**常見的錯誤**，便能在手術室之外設計訓練活動，以提升外科醫師的心智表徵。方法之一是在實際手術的影片播放到某個關鍵點時暫停，然後詢問醫生：「接下來你會怎麼做？」或「你現在看到的是什麼？」答案可能是螢幕上某條顯示要在哪裡動刀的線，或是畫出膽管的輪廓，或是建議將一些組織推到一旁，以提供更好的手術視野。針對自己提出的答案，受訓的外科醫師可以立即獲得意見回饋，回頭改正錯誤的思維，然後前往下一題；解答正確的話，也許可以接受更困難的挑戰。

醫生可以利用這套方法，進行幾十回、甚至幾百回的訓練，針對手術問題較多的部分練習到發展出有效的心智表徵爲止。

一般而言，這套 Top Gun 訓練方法可以運用在許多領域中，參與的人因此能在「離線」時反覆訓練，也就是無須在實際工作中練習，冒真正的風險。正因如此，飛行員和外科醫師等高風險職業會以「實境模擬」的方式進行訓練。運用乳房攝影資料庫的影像訓練放射科醫師，稱得上是實境模擬，此外還有許多領域都能實踐相同的概念，例如也許可以建立一些案例，協助稅務會計師提升某些專業技能，或是讓情報分析人員增進解讀國外事件的能力。

有些領域雖然已經利用實境模擬或其他方式提升表現水準，若能明確納入刻意練習的原則，就可以更大幅提升訓練效果。之前提過實境模擬被用在外科手術的幾個領域，如果能了解、學習頂尖外科醫師的心智表徵，將其納入訓練之中，相關技能將進步得更快速。此外，要加強模擬訓練，也可以找出常犯的錯誤及面臨的風險，據此特別設計實境模擬，例如手術的進行往往會因爲某些干擾而必須暫停，若干擾發生在爲了輸血而確認血型之前，負責人員必須在干擾結束、回復工作時繼續確認血型。爲了讓外科醫師和其他醫療團隊成員獲得處理這類干擾的經驗，模擬訓練的指導者可以在不同情境中於關鍵時刻插入干擾。這種實境模擬練習有著無限可能。

著重傳授知識的傳統方法

Top Gun式訓練法——無論訓練的目的是為了擊落敵機或判讀乳房攝影影像——「去做」是深藏其中的一個重點，講求的不是你知道些什麼，而是你能夠做些什麼，雖然你必須知道某些事，才能執行自己的工作。

知識和技能的不同，出自培養專長的傳統方法和刻意練習法之間的核心差異。**傳統方法著重知識**，就算最終追求的是某種能力，例如解決特定類型的數學問題，或是寫一篇好文章，傳統做法都是提供知識以確保進展順利，強調的多是學生要應用所學知識。**刻意練習正好相反，完全聚焦於技能表現及如何精進**。

我在卡內基美隆大學進行的記憶力實驗第三位受試者是達利歐．唐納德里，他開始嘗試加強數字記憶能力時和史提夫．法隆談過，史提夫也清楚分享了自己成功記憶八十二位數的方法。達利歐和史提夫本來就是常見面的朋友，所以史提夫經常針對數字群的記憶技巧和組織方式提供點子和指導。簡而言之，達利歐有很多記憶長串數字的「知識」，卻還是得發展出「技能」。他因為不必像史提夫那樣一步步試誤，所以一開始的確進步迅速，不過培養記憶力的過程卻依然漫長且緩慢。具備相關知識固然有幫助，卻只是讓達利歐比較清楚如何練習以培養技能。

觀察商界和專業領域對人才的訓練可以發現，我們往往因爲強調知識，而犧牲了技能。主要原因是傳統和方便：向一大群人傳授知識，遠比打造環境供個人練習以發展技能容易多了。

以醫生的培育爲例，即將成爲醫生的人大學畢業時，已經投入超過十年半的光陰接受教育，但所受的教育大多著重在提供知識，幾乎不包括行醫時可以直接應用的技能。事實上，未來醫師的醫學訓練是直到進入醫學院就讀才開始的，就算進入了醫學院，也會先花兩、三年上課，才接觸臨床工作，那時終於開始培養醫學技能。大多數人在醫學院畢業後才選擇專科，例如外科、小兒科、放射科或肝膽腸胃科等，並發展該專科所需技能。而只有到這個階段，也就是當他們成爲實習醫師和住院醫師時，才終於在經驗豐富的前輩指導下，學習自己所選的專科必備的診斷能力和醫術。

實習和住院醫師階段結束後，有些人會以研究醫師的身分繼續更專精的訓練，但這也等於正式的指導訓練結束了。新手醫師一旦進入這個階段，都被假設已經具備有效治療病患所需的全部技能，就此展開專業醫師的生涯。

以上內容若讀來似曾相識，的確是因爲第一章提到學習網球的可能方式時，我描述的模式跟這個很像：上幾堂網球課，培養出足以打球的能力，外加學習初期通常會有的密集練習。當時我提過，多數人都假設只要繼續打網球，累積足夠的「練習」時數，自然會日益精進。然而，事實並非如此——正如我們在本書中看到的，光是持續打球，未必能帶來進步，有時甚至只退不進。

哈佛醫學院某個研究團隊曾在二〇〇五年針對醫生的照護品質如何隨時間變化，提出詳盡的研究報告，點出了醫生和以打網球為休閒的人的相似之處。長年執業若可以讓醫生精進技能，他們提供的照護品質應該也會隨著經驗提升，但事實卻相反。該項報告囊括的六十多個病例幾乎都顯示，醫生的表現反而隨著時間越來越糟，或頂多原地踏步。在提供合適的醫療照護方面，相較於資淺得多的醫生，年紀較大的醫生知道得更少、做得更糟。報告的結論指出正因如此，年紀較大的醫生的患者病情比較不會有進步。在六十二個病例中，只有兩個病例的醫生技能有隨著經驗提升。而另一項以超過一萬名臨床醫師為對象、想要了解決策準確度而進行的研究也發現，專業經驗的增加帶來的幫助十分有限。

這種現象也可在護士身上看到，自然不令人意外。幾項研究都顯示，平均而言，經驗豐富的護士提供的照護品質，不會比才畢業幾年的護士出色多少。

為什麼較年長且經驗更豐富的醫護人員，表現未必優於較年輕且資歷較淺的同行，有時甚至更糟？針對這個問題，我們只能猜測，較年輕的醫生和護士在學校接收到的知識和訓練無疑較新，且醫生若未能有效透過在職醫學教育吸收新知，年紀越大，技能自然越落伍。但有一件事很清楚：幾乎沒有醫生或護士能單憑經驗變得更專業。

醫生當然都非常努力地自我精進，總忙著參加研討會、會議、工作坊、短期課程等，目的就是要爲自己補充專科的最新知識和技術。撰寫這部分時，我曾經造訪「醫生評論網」，該網站自稱擁有「網路上最完整的醫學會議列表」。我隨意在會議搜尋頁面點選了心臟科，選擇二〇一五年八月，按下搜尋鈕，讓網站列出那一個月裡所有的相關會議。搜尋結果有二十一筆，例如休士頓的「心血管研究醫師特訓」、佛羅里達州聖彼得堡的「超音波導引血管穿刺」研討會，以及在加州沙加緬度舉辦的「電流生理學：讓主要照護者與心臟科醫師認識心律不整」。以上只是針對某一專科、某一個月的搜尋結果，該網站甚至表示總共有超過兩千五百場會議。

總之，醫生對精進自身技能顯然十分認眞，可惜多年來採行的方法都不管用。幾位研究人員檢視了在職醫學教育爲執業醫生帶來的幫助，普遍認爲雖然不算毫無價値，效益卻也不高。不過，我發現的確有醫生特別願意去尋找自身領域不足之處，並想辦法加以糾正。正是這個「願意」，讓我花了許多時間與醫生和其他醫療專業人士合作。並不是因爲醫學訓練效果低於其他領域的訓練，而是因爲醫界人士對尋找改進方法充滿動力。

戴夫．戴維斯對醫生在職專業教育的研究十分精闢。他是個醫生，也是多倫多大學的教育科學家，曾經和同事進行了一項極具影響力的研究，檢視了類別眾多的教育「介入」，即課程、研討會、會議、演講、座談會、醫療巡房會診，以及其他任何以增加醫生知識和提升其表現爲目標的活動。戴維斯發現，效果最佳的「介入」都包含一些互動，如角色扮演、小組討論、病例解謎、實地訓練等。這類活動的確改善了醫生的表現和患者的病況發展，雖然整體改善不大。相較之下，效果最差的活動則是「說教式」介入，基本上就是讓醫生聽講的教育活動，無奈的是，這卻是在職醫學教育中最常見的活動類型。戴維斯於結論中指出，這種被動聽講的方式無論對醫生的表現或患者的病況發展近乎毫無幫助。

這項研究也檢視了發表於一九九九年之前、針對在職醫學教育的其他研究。十年後，挪威學者露意絲．佛賽藍帶領的研究團隊爲戴維斯的研究導入新資料，檢視了當時四十九項針對在職醫學教育發表的新研究。該研究團隊的結論和戴維斯的雷同：在職醫學教育雖然能提升醫生的表現，但效果不大，對患者病況發展的幫助更小。此外，含互動成分的教育方式效果最顯著，演講、座談會之類的活動對醫生執業的幫助可說微乎其微。此項研究還發現，沒有一種在職醫學教育能有效改善複雜的行爲，這裡的複雜行爲指的是涉及好幾個步驟，或者必須考量多個不同因素。換言之，在職醫學教育若有效果，也僅能幫助醫生改善行醫時的基本工作而已。

從刻意練習的觀點來看，問題顯而易見：聽演講、參加短期課程等活動幾乎難以獲得意見回饋，也近乎毫無機會藉由嘗試新事物、犯錯、改正錯誤，逐漸發展出新技能。這就像業餘網球選手想要透過閱讀網球雜誌的文章和偶爾上網看影片，來精進球技，自己以爲學到新本領了，對網球場上的表現卻沒有幫助。此外，在職醫學教育若採取線上互動方式，實在難以模擬醫生和護士在日常工作中會遇到的複雜狀況。

醫護人員和其他專業人士完成訓練後，應該要能獨立工作，身邊卻缺乏專業網球教練這樣的人針對他們的弱點制訂訓練計畫，來改善弱點，然後監督，甚至帶領訓練。整體來看，醫學界就和其他多數專業領域一樣，缺乏強大的傳統來支持已執業的專業人士接受訓練、自我精進。一般人都假設醫學專業人士有能力自行找出有效的練習技巧，並用來改善自己的表現。簡而言之，醫學訓練暗含的假設就是：只要透過醫學院教育、醫學期刊、座談會及在職醫學教育等方式，提供醫生必要知識，這樣應該就夠了。

醫學界有一句跟學習外科手術有關的老話，出自二十世紀初的外科之父威廉·霍斯德：「看一次，做一次，教一次。」這句話的意思是受訓的外科醫師要學會做一項新手術，便得親眼看一次手術過程，之後就可以靠自己的理解爲病人開刀，可說是完全深信知識抵得上技能的行業。

然而，這個信念在一九八〇和九〇年代因爲腹腔鏡手術的普及而備受挑戰。腹腔鏡手術又被稱爲鑰匙孔手術，即在一個也許距離手術部位較遠的地方開一個小洞插入手術器械。這種手術必須具備與傳統手術截然不同的技巧，普遍的看法卻是經驗豐富的外科醫師對這種新方法應該無須接受額外的訓練便能迅速上手，反正外科醫師有執行手術的必要知識。不過，醫學研究人員比較傳統手術經驗豐富的醫生和正在受訓的外科醫師，以學習曲線來看，卻發現兩組人掌握腹腔鏡手術和減少併發症發生率所需的時間毫無差別。

簡單來說，資深外科醫師並未因擁有較多知識或在傳統手術上經驗較豐富，就在學習腹腔鏡手術技能時占了優勢。經過證明，這種技能得另外培養。因爲這些發現，現今的外科醫師若要執行腹腔鏡手術，必須先接受腹腔鏡手術醫師等專家的指導訓練，並就這方面的技能接受評量。

傳統上著重知識多於技能的不只是醫學界，法學院和商學院等許多專業教育的情況也差不多。一般而言，這些專業教育之所以講求知識多於技能，是因爲傳授知識然後加以評量進行起來簡單多了，普遍的看法也相信具備知識之後想學習技能會比較容易上手。如此造成的一個現象便是大學畢業生進入職場後，往往得花許多時間學習工作所需的技能；另一個現象則是衆多專業領域在協助從業人員精進技能方面不僅沒有強過醫學界，甚至更糟——又是假設「經驗累積越多，表現越好」所致。

面對許多狀況，若能提出對的問題，正確的答案也就近了。針對在專業領域或職場上如何改善表現，該問的問題是「如何提升相關技能」，而非「如何傳授相關知識」。

著重提升技能的新訓練法

如同我們在 Top Gun 訓練和亞特．杜洛克所做的事情上看到的，有許多方法可以將刻意練習立即應用於提升專業領域和職場上的技能。不過我認爲長期來說，最好的方法是設計出以技能爲基礎的新訓練計畫，來輔助或完全取代常見的以知識爲基礎的訓練方式。這項策略以「能力最重要」爲認知基礎，訓練因此著重於行動而非知識，且特別致力於將同領域從業人員的技能都提升到頂尖專家的水準。

我自二〇〇三年起便與醫學專業人士合作，希望能證明刻意練習可以幫助醫生精進每日工作所需的技能。改用這種方法意味著典範轉移（整體信念、態度或方法的轉變），對醫生的能力提升助益匪淺，進而可以改善病患的健康。約翰．博克麥爾與同事進行了一項與此關係密切的研究，請一群密西根州的減重手術醫師就各自診所進行過的腹腔鏡胃繞道手術，挑選出典型病例並交出手術影片，接著研究人員請專家以匿名方式評估影片中外科醫師的手術技巧。這項研究的一個重要發現與我們的主題相關——外科醫師的醫術高低會影響患者的手術結果，若由醫術精湛的醫生執刀，患者出現併發症或死亡的機率較低。這意味著若能協助技術略遜一籌的外科醫師加強技能，病患便能大大受益。此研究的結果也促成了一項計畫，讓能力有待加強的外科醫師接受技能高超的外科醫師指導，以提升能力。

本章剩下的篇幅，我會用來概述如何運用刻意練習的原則發展出有效的新方法，以訓練醫生，最終幫助患者改善病況。

第一步是確認某一專科中有哪幾位頂尖醫生。該如何判定這些醫生的能力著實勝過其他同行？第四章也提過，這有時並不簡單，卻有理性客觀的通則可循。

醫學最終著重的是病患的健康，因此我們努力想證明患者病況的發展和醫生的行爲確實有關。想做到這點之所以棘手，是因爲醫療照護是涉及許多步驟和人員的複雜過程，所以難有成效評量結果可以明確將病情發展追溯至某個照護人員身上。儘管如此，至少還有兩個好例子能大致說明如何分辨出頂尖醫生。

二〇〇七年，紐約市史隆凱特琳紀念癌症中心的安德魯·維克斯帶領的研究團隊，公布了近八千名攝護腺已移除的攝護腺癌男性患者的病況發展。手術都在一九八七至二〇〇三年間於四家醫學中心進行，由七十二名外科醫師執刀，目的在移除整個攝護腺和可能有癌細胞的周遭組織。這種手術很複雜，必須極度細心、技術高超，稍有差錯，癌症復發機率就會升高，所以術後癌症復發率的高低便可作爲判斷外科醫師是否頂尖的客觀標準。

維克斯和研究團隊發現，在這項手術上經驗豐富的外科醫師和經驗相對不足的同行之間有個顯著差異：僅做過十次攝護腺切除手術的醫生，病患在五年內癌症復發的機率爲百分之十七點九；先前做過兩百五十次手術的醫生，其患者則僅有百分之十點七的癌症復發率。換言之，手術如果由經驗不足的醫生進行，五年內癌症復發的機率高出近一倍。在一項後續研究中，維克斯檢視了外科醫師若經驗增加對復發率有何影響，而研究發現，復發率會節節下降到外科醫師做了一千五百至兩千次手術爲止。到了這個階段，這些外科醫師的手術技巧已經完美到若癌細胞尚未擴散至攝護腺外，也就是病況較單純的情況下，可以預防癌症在五年內不復發；癌細胞若擴散到攝護腺外，癌症復發的預防率也可達百分之七十。在此之後，預防率便不再隨著醫生經驗的增加而提高。

維克斯於成果報告中表示，研究團隊沒有機會找出經驗豐富的醫生做法有何不同，但顯而易見的是，醫生因爲進行了數百或數千次手術，發展出某些特別的技巧，對病人的手術結果影響深遠。另外值得一提的是，因爲醫生的能力隨著手術經驗累積而提升，必定有某種意見回饋，讓醫生得以透過修正和磨練自己的技術，而日益精進。

外科異於其他醫學領域，由於血管破裂或組織受損等許多問題都會立即浮現，因此，外科醫師至少能馬上檢討錯誤。有時病患若有出血或其他狀況，則必須再接受手術以解決問題，而這種改正性質的手術等於提供外科醫師意見回饋，了解原本可以避免的問題。手術若移除了癌性病變組織，實驗室也能分析移除的癌性組織，確認病變部分是否已全然移除。手術若進行得很理想，所有移除的組織最外圍應該都有健康組織包圍著癌性病變，少了這一圈就不算成功，但這也等於是外科醫師日後進行類似手術時可參考的另一種意見回饋。如果進行的是心臟手術，則能透過測試修復後的心臟來了解手術是否成功；若不成功，也能由此判斷哪裡出了差錯。**相較於其他醫學專業人士，外科醫師之所以能藉由累積經驗不斷精進，這樣的意見回饋應該貢獻最多。**

運用刻意練習的原則培養外科技能可能幫助最大，因爲這項研究及其他類似研究清楚顯示，外科醫師需要數年的時間和豐富的手術經驗，才可能成爲專家。如果透過訓練將外科醫師成爲專家所需的時間減半，對病人可說是一大福音。

維克斯從外科醫師身上觀察到的進步模式，也可見於放射科醫師判讀乳房影像的一項研究。放射科醫師工作的頭三年，判讀能力大幅提升，越來越少出現「僞陽性」的狀況——即未患乳癌的女性被要求做進一步的篩檢。此後，進步速度就急遽下降。有趣的是，頭三年的技能提升僅限於未接受放射科研修員訓練的醫生，受過研修員訓練的放射科醫師並未顯現相同的學習曲線，反而在投入工作幾個月後，達到的技能水準就相當於沒有接受研修員訓練的醫生花了三年才有的程度。

如果研修員訓練可以讓放射科醫師比同行更快達到專家等級，似乎可以合理推論，就算沒有接受研修員訓練，只要有個設計完善的訓練計畫，也可能有此功效。

找出表現始終優於同儕的人之後，下一步就是了解其勝出關鍵。我在第一章提過自己和史提夫．法隆合作記憶力實驗時用的方法，這時就可以變化運用。在此複習一下：請對方描述執行某項工作時的思考過程，然後觀察哪些工作對他而言較難、哪些較容易，並從中導出結論。想要了解爲何有些醫生可以出類拔萃，而去探究其思考過程的研究人員，用的都是這些技巧。

最近的一項研究正是這個方法的絕佳實例：以八位外科醫師爲對象，仔細詢問他們進行腹腔鏡手術之前、當下和之後的思考過程。在這種手術中，手術器械從一個小切口插入體內，然後被引導至手術部位——這需要充足的準備，還要有能力在手術開始後應對任何可能發生的狀況。這項研究的一大目的在了解外科醫師進行手術時必須做出的種種決策和決策過程。研究人員列出數種外科醫師在手術中必須下的決策，例如要切除哪些組織、是否要將腹腔鏡手術轉爲開腔手術、是否須捨棄原先的手術計畫臨場應變等。

大概只有腹腔鏡手術醫師和指導這門學問的教授會對研究細節感興趣，但其中的一項發現有廣泛的參考價值：只有極少數的手術簡單到可以直接運用這類手術的基本模式，多數手術反而會有意想不到的發展，或是出現意料之外的阻礙，迫使外科醫師審慎思考當下的行動，並做出某種決策。如同研究人員說的：「就算頂尖外科醫師也會遇到手術突發狀況，必須在當下謹慎重新評估自己的做法，衡量可能的替代方案，例如使用不同的器械或改變病患的位置等。」

認清突發狀況，迅速考量各種可行的因應方式，從中選出最理想的做法——這種能力的重要性不僅限於醫學，對許多領域而言亦是如此。例如，美國陸軍就曾投入大量時間和心力，希望找出最佳方式，讓軍官學會「應變思考」，尤其是中尉、上尉、少校、上校等經常與軍隊共赴前線的軍官，在遭遇突擊或其他預料之外的事件時，往往得立即判定最佳做法。美國陸軍甚至發展出「指揮官會這麼想」訓練計畫，運用刻意練習的方式教導初階軍官如何應變思考。

針對頂尖醫生心智運作過程的研究顯示，雖然他們事前已準備好手術計畫，依然會時時注意手術的發展，好在必要時改變策略。這一點可見於加拿大近期的幾項醫學研究。這些研究團隊觀察外科醫師預期較困難的手術，並在手術結束後詢問醫生手術進行中的思考過程。結果發現，外科醫師之所以能察覺問題，是因爲注意到手術的發展與事前計畫時的預想不符。而一旦發現誤差，他們就列出可能的替代做法，從中決定最可行的策略。

這指出了一個與經驗豐富的外科醫師技能相關的重點：他們逐漸發展出**有效的心智表徵**，用於手術的計畫、執行及過程監控，才能在問題出現時察覺出來，並設法因應。

若眞想了解造就頂尖外科醫師的因素，便得弄清楚他們的心智表徵。心理學家針對研究心智表徵發展出多種方法，其中一個檢視心智表徵的標準做法，是在受試者執行某項工作的中途讓他們暫停，熄了燈，然後請受試者描述當下的狀況、之前發生的事，以及即將發生的事（第三章曾以針對足球選手的研究爲例描述這個方法）。儘管這顯然不適用於手術室內的外科醫師，但就算是手術這樣具有風險的情境，還是能透過其他方式研究心智表徵，例如飛行訓練和某些醫療程序等可以透過實境模擬進行的活動，的確有可能中途暫停，並提出問題。或者，如果是眞實的手術，也可以在手術進行之前和之後，詢問醫生如何想像手術要怎麼進行，以及手術時的思考過程，如此便能綜合詢問所得的答案和觀察醫生在手術中採取的行動所得的結果。理想狀況下，應該也要辨識出促成手術執行成功的心智表徵有哪些特色。

約莫二十一世紀初，才有幾位研究人員成功從執業醫生中找出表現維持頂尖的對象，針對其心智運作過程開始研究。不過至今已清楚可見，造就這些醫生全球頂尖能力的，主要是**心智表徵的品質**，意味著將刻意練習的原則應用於醫界，將有助於讓醫生透過訓練發展出更優質的心智表徵——這一點也適用於多數行業。

第6章

在日常生活中運用刻意練習原則

刻意練習適合任何懷抱夢想的人，無論想學習的是繪畫、寫程式、雜耍、吹薩克斯風或寫小說，或是想在撲克牌、壘球、業務銷售或歌唱方面更上一層樓，只要希望掌控自己的人生，創造自身潛能，不輕易滿足於現況，這一章就是為你而寫的。

二〇一〇年，住在奧勒岡州波特蘭市的丹．麥勞佛林寫了電子郵件給我。他在不同地方（包括傑夫．柯文的《我比別人更認眞》）讀到了我對刻意練習的研究，希望能運用這個方法成爲職業高爾夫球選手。

稍加了解丹的背景，就可以知道他多有野心。丹在高中或大學時期從未參加高爾夫球隊；其實，他根本沒有眞正打過高爾夫球，雖然和朋友去過幾次球場，但一輩子都沒有打過一整場十八洞的高爾夫球。事實上，三十歲的他從未參加過任何運動競賽。

不過，丹有個計畫，而且十分認眞：他會辭掉商業攝影師的工作，然後花六、七年的時間學習高爾夫球。讀過葛拉威爾的《異數》之後，他決定直接運用書中提到的「一萬小時法則」，投入一萬個小時刻意練習，練出一身好球技，以參加職業高爾夫球協會（簡稱ＰＧＡ）巡迴賽。想參加巡迴賽，得先獲准參加ＰＧＡ資格賽，賽中的表現也必須亮眼到獲得ＰＧＡ巡迴賽資格卡，才得以參與各項ＰＧＡ巡迴賽。

丹展開他所謂的「阿丹計畫」訓練一年半後，接受了《高爾夫球雜誌》的採訪。記者問他計畫的動機爲何，丹的回答令我十分欣賞。他說自己不喜歡「某些領域只有某些人才能成功」這種看法，什麼只有富邏輯力、數學好的人才能研究數學，有運動細胞的人才能踏入體壇，有音樂天賦的人才可能完美地演奏音樂，這種思維不過提供了藉口，讓人不去追求本來可能會享受、甚至擅長的事物。丹就是不想落入這個陷阱，他表示：

「我因此有了動力，想嘗試與自身經歷截然不同的事物，希望能證明只要願意付出時間，沒有不可能的事。」

更值得一提的是，丹明白不僅是想成爲西洋棋特級大師、奧運選手或世界級音樂家的孩子在展開長年訓練時能受益於刻意練習，這套方法針對的也並非只是美國海軍這種有能力發展出高強度訓練的大型組織。**刻意練習適合任何懷抱夢想的人**，無論想學習的是繪畫、寫電腦程式、雜耍、吹薩克斯風或寫出了不起的小說，或是想在撲克牌、壘球、業務銷售或歌唱方面更上一層樓，只要希望掌控自己的人生，創造自身潛能，不輕易滿足於現況，這一章就是爲你而寫的。

第一步，找個好老師

我喜歡舉的另一個例子是瑞典男子培爾．赫姆洛夫，他開始學空手道時已經六十九歲了，給自己設定的目標是八十歲時要拿到黑帶。培爾學了三年後寫信給我，表示自己進步太慢，希望我能針對如何提升訓練效果提供建議。

雖然培爾幾十年來都維持運動習慣，之前卻從未接觸過武術，所以想知道除了每週花五、六個小時接受空手道訓練，再花十個小時在其他運動上（主要是慢跑和上健身房），他還能做些什麼？

聽到培爾的事情時，有些人的自然反應大概是：「哎呀，都已經七十二歲了，當然很難進步得快啊！」但原因並不在此。儘管他進步的速度確實很難比得上二十四歲、甚至至五十四歲的人，但絕對能比他現在進步得快。而我給培爾的建議，也正如我給二十四歲或五十四歲的人的建議。

多數空手道課程的進行方式，是幾位學生和一位教練同處教室內，然後全班模仿教練的動作。教練也許偶爾會留意到學生動作有誤，另外一對一指導，但這種意見回饋極少。

培爾上的就是這樣的課。因此，我建議他找教練針對自身表現進行個人指導。因爲個人課程費用昂貴，很多人會決定上團體班，甚至透過網路影片或書籍學習，而這些方法通常有某種程度的效果。可是，無論在班上或網路上看過多少次示範，一定難免會漏掉或誤解某些細節，甚至重點；就算有所察覺，往往也無法找出能改正所有弱點的最佳方法。

更重要的是，這牽涉到心智表徵。第三章討論過，無論是練習某個空手道動作、彈一首鋼琴奏鳴曲或進行手術，刻意練習的主要目的是發展出一組有效的心智表徵，來引導自己執行任務。如果是獨自練習，就得靠自身的心智表徵監控表現，判斷是否出錯。

雖然不能說不可能做到，但比起身邊有個經驗豐富的老師觀察你的表現、提供意見回饋，靠自己絕對困難許多，且效率較差。尤其學習初期的心智表徵還很模糊、不精確，會格外吃力。而一旦發展出堅實的心理表徵，就能以此爲基礎自行建立成效更好的新表徵。

就算是學習動機最強、最聰明的學生，若有掌握最佳學習策略的老師單獨指導，也能進步得更快。這種老師對不同技巧的進行方式非常熟悉，且能親自示範，可以提供有用的意見回饋，也能針對弱點設計練習活動。因此，想要成功，關鍵在於找到好老師一同努力。

那麼，如何找到好老師？過程中難免需要試誤，不過倒是有幾個方法可以提高命中率。首先，好老師雖然不一定得是世界頂尖，在該領域卻應該有一定成就。一般的老師只能將學生引導至他們自己或學生之前達到的水準，如果你開始接觸所學時像張白紙，有一定程度的老師都能勝任，不過訓練幾年後，就需要程度較好的老師了。

好老師也應該具備該領域的教學能力和經驗。許多成就非凡的人卻是個糟糕的老師，原因就在於對教學毫無概念。自己做得到，不代表有能力教導他人如何做到，因此要去了解老師的經驗；若有機會，也可以調查一下這位老師以前或現在的學生，甚至跟他們聊聊。這些學生的能力如何？具備的技能有多少可以歸功於這位老師？對老師評價如何？最好的詢問對象是開始接受指導時與你現在的程度相當的學生，因爲他們的經驗會最接近你可以從老師的指導中得到的東西。若能找到年齡和相關經驗與你相似的學生最理想。有些老師也許擅長指導孩童和青少年，指導成年人的經驗和知識卻很有限。

在調查老師的評價時，得特別留意主觀看法的缺點。網路評比網站尤其容易受這種缺點影響，因爲網站上的評價反映的往往是老師夠不夠親切，或者上他們的課好不好玩，反而忽略了教學成效高低。在看別人對某個老師的評論時，應該跳過課程有趣與否之類的資訊，而去尋找描述學生有何進展、克服了哪些障礙的評論文章。

特別重要的一點是：要詢問可能聘請的老師關於練習活動的想法。無論一週上課幾次，你大部分的心力會花在獨自練習，執行老師指定的任務。所以，這個老師必須盡可能就此引導，不僅要指定練習項目，還得說明要注意哪些部分、你常犯的毛病，以及如何辨別自己表現得好不好。切記：**老師的重要任務之一，是協助學生發展個人的心智表徵，才能針對表現自我監控和修正**。

本章一開始提到的丹．麥勞佛林正是藉由老師的指導改善表現的最佳實例。丹接觸刻意練習的概念後，吸收了其中的內涵，因此打從一開始追求目標，便了解個人指導的重要，展開行動前就聘請了三位老師：一位高爾夫球教練、一位肌力與體能教練，以及一位營養師。

丹後來的經驗說明了有關接受指導的最後一個重點：**視個人的改變更換老師**。丹在第一位高爾夫球教練幾年的指導下確實有進步，但到了某個階段，表現卻停滯下來。他吸收了這個教練可以教他的所有東西，準備好在下個階段請一位新教練了。如果你有一天發現自己進步的速度變慢，甚至毫無進步，請放寬心另尋新老師。持續向前邁進才是重點。

專注與投入至關重要

回到培爾的故事，談談接受理想的一對一指導時有助於刻意練習的一項要素：投入。我推測，培爾的空手道團體課無法讓他全神貫注地投入其中。上團體課時，所有的學生跟著站在前方的老師做動作，這種情況太容易造成「表面工夫」，學生不會抱持著在某方面求進步的目標投入練習。左腳踢十下，右腳踢十下，再來又換左邊；向右先擋受後攻擊十次，然後向左再十次。進入某種狀態後，開始分心神遊，很快地，練習帶來的種種效益就煙消雲散。

這點呼應了第一章提過的基本原則：必須專注地投入有目標的練習，而非漫不經心地重複，且沒有任何關於提升表現的清楚目標。想要提升棋藝不能只靠下棋，而得靠自己研究大師下的棋；飛鏢想射得更好，不能只是和朋友上酒吧，然後讓射輸的人請下一輪酒，而是要獨自努力到每回都能射出同樣的水準，然後有系統地改變鏢靶上的瞄準位置來加強控制力；希望保齡球打得更出色，每週四和球隊隊友打球幫助不大，反而得規畫出個人時間，最好能加強練習棘手的球瓶排列方式，這時，球的走向控制得精準與否就是關鍵。這類例子不勝枚舉。

切記：**開始分心或覺得輕鬆好玩時，大概就代表沒有進步**。

十年多前，一群瑞典學者研究了兩組人在上歌唱課期間和上課之後的狀態，其中一半的受試者是專業歌手，另一半則爲業餘人士，所有人都上了爲期至少六個月的課。研究人員以多種方式衡量受試者的狀態，例如心電圖、血液樣本、觀察歌手的面部表情等，課程結束後則問一些問題，目的在了解歌手上課時的思考過程。專業或業餘歌手全都表示課程結束後覺得較放鬆且活力充沛，然而只有業餘歌手感覺興高采烈；換句話說，歌唱課爲業餘歌手帶來的快樂，無法在專業歌手身上觀察到。造成不同反應的原因在於兩組人看待課程的態度不同。對業餘歌手而言，課程提供了自己表現的機會，藉由歌唱將煩惱拋在腦後，能單純享受其喜悅；對專業歌手來說，上課等於要聚精會神地加強發聲技巧和控制呼吸，以提升歌唱實力，很專心，卻缺乏樂趣。

無論練習方式爲何——團體班、個人課、獨自練習，甚至遊戲或競賽——想要從中獲得最大益處的關鍵，就在於**專注**。

和我在佛羅里達州立大學合作過的研究生柯爾．阿姆斯壯，曾經描述高中高爾夫球選手如何發展出這種專注力。大概高中二年級時，這些選手開始了解何謂有目標地投入練習，而不只是練習。柯爾在博士論文中引述一名高中高爾夫球選手的話，他在這段話裡說明了他的練習方式何時改變、如何改變。

> 我記得是高中二年級的某一天，教練走到球場上問我：「賈斯汀，你在做什麼？」我邊打球邊回答：「在為巡迴賽做準備。」他說：「錯了，你沒有。我一直在觀察你，你只是在擊球而已，沒有真正在做例行練習或任何準備。」我們談了一番，然後展開例行練習。從那天起，我開始練習，這種練習是有意識地朝特定目標展開行動，而不只是擊球或推球。

有意識地發展技能並精益求精——學會以這種方式投入，便是提升練習效益最強大的方法。

美國游泳選手娜塔莉．柯芙林曾經分享自己這種「恍然大悟」的時刻。她在游泳生涯中共贏得十二面奧運獎牌，女性游泳選手中贏得如此多奧運獎牌的除了她，只有另外兩人。雖然她一直是個游泳高手，卻是直到學會在整個練習過程中都全神貫注，才躍上顛峰。游泳生涯初期的大部分時間，她都是邊來回練習，邊做白日夢，這點不僅見於游泳選手，也常發生在跑步選手和其他講求耐力的運動員身上。這些運動員必須每週投入大量時間，以拉長距離、鍛鍊耐力。划水、划水、划水、划水、划水，如此持續數小時直到結束，很難不因爲無聊而放空，開始神遊到游泳池外的世界，柯芙林就是如此。

不過，在代表加州大學柏克萊分校出賽時期的某個階段，柯芙林領悟到自己在一趟趟的游泳練習中浪費了大好機會。她應該別讓自己神遊，轉而專注在技巧上，努力讓每一次的划水都近乎完美，尤其是要讓划水的心智表徵變得更精細，希望了解做出「完美的」划水動作時身體會有何感受。一旦弄清楚理想的划水會帶來何種感受，稍有偏差，自己便能察覺——偏差出現的時間可能是覺得疲憊或快要轉身時——然後想辦法減少偏差，以確保動作盡可能接近理想。

從那時起，柯芙林決心無論做什麼事都要專注投入其中，利用每一趟游泳練習改善整體表現。開始這麼做之後，她才看見自己的進步，越是專注於訓練狀況，比賽成績越亮眼。柯芙林自然不是特例，一位叫丹尼爾·詹布李斯的學者以奧運游泳選手爲對象進行深入研究，結果發現，在游泳項目要有傑出成績，關鍵就在仔細留意自身表現的每個細節，「每個環節都做得正確無誤，一次又一次，直到各個細節都有卓越表現化爲根深柢固的習慣」。

以上就是透過練習讓自己獲得最大進步的祕訣。就算是健身或長跑等運動，大部分的練習看起來都像無須思考的重複動作，但若能留意將每個動作都做得正確，也會有更長足的進步。研究長跑選手的學者發現，業餘選手往往邊練習邊做白日夢，或者想些開心的事，好讓自己不要陷入跑步的痠痛和疲憊中；相較之下，優秀的長跑選手則會留意身體的一舉一動，以找出最理想的節奏，進行調整，好讓自己在整場比賽中都維持最佳節奏。至於健身或舉重，如果準備挑戰的重量是目前能力的最高極限，最好在舉重前做足準備，並在舉重時專心一意，因爲所有挑戰能力極限的活動都需要全神貫注努力去做。另外，在較不著重肌力和耐力的領域，例如智力活動、音樂演奏、藝術等，練習時若不集中注意力，當然毫無意義。

不過，就算是做了很多年的專家，要維持這種專注力也不容易。第四章提過，我在柏林研究的那群小提琴學生發現他們的訓練讓人筋疲力竭，以致常常要在上下午的練習之間睡個午覺。**剛開始學著專注於練習的人無法維持數小時的注意力，因此一開始必須將練習時間設定得比較短，然後逐漸拉長。**

針對這方面，我給培爾的建議正適用於任何剛開始運用刻意練習的人：**專注與投入至關重要，所以每回的訓練時間較短、但目標較清楚，是更快速培養出新技能的最佳方

法。在較短的時間內投入百分之百的努力，效果強過花了較長時間卻只投入百分之七十的努力。一旦發現自己無法專注，就結束這回合的訓練。此外，要確保**睡眠充足**，才能以最大的專注力進行訓練。

培爾聽從我的建議，安排教練進行個人指導，以較高的專注力投入時間較短的訓練，同時每天睡足七至八小時，並在午餐後小睡片刻。他通過了綠帶考試，接下來的目標是藍帶。七十多歲的他在取得黑帶的夢想上已經成功了一半，只要好好照顧身體不要受傷，他有信心自己必定能在八十歲前達成目標。

沒有老師怎麼辦？

之前提及富蘭克林時，說到他花了無數個小時下西洋棋，表現依然停滯不前。這是個好例子，告訴我們練習時「不要」這麼做：不要只是重複做同一件事，卻沒有規畫如何一步步地改善自己的表現。然而，富蘭克林當然不只是個棋士，還是個科學家、發明家、外交官、出版商和作家，寫下的文字在兩百多年後依然有人拜讀。所以，我們就來看看他表現得遠比棋藝傑出的領域。

富蘭克林在自傳一開始就提到年輕時的自己如何精進寫作能力。他原本認爲小時候接受的教育頂多能讓他成爲一個普通作家，後來讀到英國雜誌《旁觀者》的某一期，對該雜誌文章的品質驚歎不已，於是下定決心也要練出這樣的好文筆，卻找不到老師指導。該怎麼辦呢？富蘭克林想出一連串巧妙的方法，這些方法的目標是要讓他的文筆變得像《旁觀者》的作家一樣好。

他首先嘗試在忘掉某篇文章確切的用字遣詞後，盡可能重現文章中的字句。他針對自己欣賞的寫作風格挑出好幾篇文章，簡短寫下每個句子的內容，好提醒自己這些句子的重點。幾天後，他試著根據寫下的提示重現文章，目的不在於一字不漏地複製原文，而是希望自己所寫的文章能像範本那樣鞭辟入裡且充滿文采。仿作之後，他回頭參考原文，與自己的文章比較，並適時修正，從中學會如何清楚中肯地表達想法。

這些練習讓富蘭克林發現，最大的問題在於自己的字彙量遠不及《旁觀者》的作家群。雖然認識這些字，下筆時就是出不來。爲了解決這個問題，他稍加改變第一個練習。他認爲寫詩必須根據詩的節奏和韻式用字，會迫使自己運用許多平時不會想到的字，所以將《旁觀者》中的一些文章轉爲詩；等到對原文字句的記憶變得模糊之後，又將詩轉回散文。這讓他培養出尋找合適文字的習慣，並增加可以立刻從記憶中喚起的字彙量。

最後，富蘭克林要加強的是他寫作的整體結構和邏輯。他一樣利用《旁觀者》的文章，寫下每個句子的提示，不過這回是將提示寫在不同的紙上，打亂原來的次序隨意排列。等到自己不僅忘了原文的用字遣詞，也忘了句子的順序，便開始仿作。他首先依照自己認爲最有邏輯的順序安排那些混亂的提示紙條，接著根據每個提示寫出句子，最後參考原文比較結果。這個練習強迫他在寫作時謹慎組織思緒，一旦發現思緒整理得不及原文作者，便會修改自己的作品，並從錯誤中學習。

富蘭克林後來成爲美國建國初期備受景仰的作家之一，《窮理查年鑑》及後來出版的自傳都成爲美國文學的經典名作。他解決了想有所進步卻缺乏指導者的難題，許多人偶爾也面臨同樣的狀況。你也許請不起老師，或是想學習的技能很難請到專家指導，也可能是你想要在某個領域有所進步，該領域卻沒有專家，或至少找不到老師——無論原因爲何，其實還是可以遵循刻意練習的一些基本原則追求進步，富蘭克林的許多方法似乎就是自己思索出來的。

有目標的練習或刻意練習的一項特色，在於挑戰做不到的事（這會讓你離開舒適圈），並且反覆練習，聚焦於自己的做法、自己的弱點，以及如何改善。實際生活中，無論是工作、學業或嗜好，都極少提供這種專注反覆練習的機會，所以若想進步，就得爲自己創造機會。**富蘭克林實踐了夢想，是因爲他針對寫作的不同面向設計出練習活動。好老師或好教練的主要貢獻之一，便是針對你正在努力培養的技能量身訂做類似的**

練習；若沒有老師，就得自己設計一套練習活動。

幸好，這是個上網很方便的時代。以一般人感興趣的常見技能而言——甚至是某些較冷門的技能——想找出訓練方法很容易。希望改善冰上曲棍球的控球技巧？答案就在網路上。想加強文筆？答案就在網路上。想迅速解開魔術方塊？答案就在網路上。網路上應有盡有，就是差了品質管理，所以上網尋求建議時，一定要很謹慎。儘管如此，還是可以從網路上獲得一些好點子和建議作爲嘗試，看看哪種方法最適合自己。

不過並非所有答案都在網路上，網路提供的答案也未必最適用於你正在加強的項目，甚至可能毫不實用。比方說，練習起來最不容易的技能，往往是必須與人互動的那種，自己關在房間裡苦練魔術方塊並非難事，到高爾夫球練習場練揮桿也很容易，但如果要加強的技能需要夥伴或觀衆呢？那就得發揮創意，想出有效的練習方法了。

佛羅里達州立大學一位教授指導過以英語爲第二語言的學生，他曾經告訴我，有個學生會去購物中心攔下逛街的人，請教每一位同樣的問題。如此一來，她便能一再聽到類似的答案，重複幾次後，就比較容易理解英語母語人士以正常速度說出的字句。如果每次問的問題不同，理解能力可能難有起色。其他想加強英語的學生會反覆觀看有字幕的英語電影，接著關掉字幕，試著理解台詞；若想知道理解是否正確，則再開啓字幕。如此再三反覆聽同樣的對話，有助提升英語理解力，比單純看好幾部不同的電影更有效率。

這些學生可不只是一再重複相同的動作，而是留意自己每回犯的錯，並加以改正。這就是有目標的練習。**漫不經心地重複同一件事毫無助益，重複的目的在發現自己的弱點，並聚焦於加強弱點，嘗試以不同方式改善，直到找出最佳策略爲止。**

里約熱內盧一所馬戲學校的學生曾和我分享他的練習策略，就是這種自己設計的聰明練習法的絕佳範例。他正在接受馬戲團團長訓練，遇上的困難是如何讓觀眾在看表演時保持興趣。馬戲團團長除了要介紹各項表演，若是該上場的節目延誤了，團長還必須能馬上塡補節目之間的空檔。問題是，沒人願意讓這名學生在現場觀眾面前練習該怎麼做，因此他想出一個辦法：交通尖峰時段跑到里約市中心找正要回家的人交談。由於多數人都在趕時間，所以必須設法讓他們好奇到想停下腳步聽他說話。如此一來，他就有機會練習運用聲音和肢體語言吸引人們的注意力，並學習將停頓時間的長短控制得恰到好處，以製造戲劇化的張力。

不過最令我驚歎的，莫過於他進行得有多刻意：他還用手表計時，看自己能讓每回對話維持多久。他就這樣每天練習兩、三個小時，並記錄哪些技巧奏效，哪些毫不管用。

喜劇演員的做法也很類似。他們多數都有在喜劇俱樂部表演單人脫口秀的經驗，從中試驗自己的題材和表達風格，而且能馬上從觀衆反應得到回饋——笑話好不好笑，可是一翻兩瞪眼的。喜劇演員可以透過這種表演一次次爲題材去蕪存菁，將奏效的笑點修飾得更完美。就算已打出知名度的喜劇演員也常會回到這種俱樂部的舞台上，試驗新的戲碼或溫習表達功夫。

想在沒有老師的情況下有效練習一項技能，建議記住三個重點：專注投入、意見回饋、解決問題。將技能分成可以有效重複練習和分析的幾個部分，確定弱點何在，並找出解決辦法。

馬戲團團長、學習英語的學生和富蘭克林都採用了類似的方法，富蘭克林的做法還示範了想發展心智表徵卻欠缺老師指導時該怎麼做。他分析《旁觀者》裡的文章，弄清楚那些文章爲何出色，儘管他可能不清楚心智表徵一詞，但的確創造出可以用來引導自己寫作的心智表徵。練習得越勤快，心智表徵越能高度發展，使他不參考範本也能寫出一手《旁觀者》等級的文章，因爲他已經將寫出好文章的本領內化，等於建立了涵蓋寫作重點的心智表徵。

諷刺的是，富蘭克林在西洋棋上就是沒能做到這一點。爲了寫作，他研讀專家作品並試著仿作，仿作效果不盡理想時便參考原文，了解自己的疏漏，以求改進。這也正是精進棋藝最有效的方法，亦即研究大師的棋局，並試著一步步複製，選擇的走法若和大師有出入，就再研究棋局，看看自己漏了什麼。可惜，富蘭克林因爲無法研究大師棋局，而不能比照練習。當時西洋棋大師幾乎全在歐洲，也沒有收錄大師棋局的書籍可供參考。若富蘭克林有辦法鑽研大師下的棋，可能也會成爲當代的傑出棋士，如同他在寫作上的成就。

類似的方法也可用來在許多領域建立有效的心智表徵。以音樂爲例，莫札特的父親教他作曲時，有一部分做法就是要求他去研究那個時代最傑出的作曲家，並模仿他們的作品。在藝術方面，長久以來，前途指日可待的藝術家都藉由臨摹大師的畫作和雕塑作品，來培養技巧。事實上，有些人的練習方式和富蘭克林用來加強文筆的做法很像：研究大師的某件作品後，試著憑記憶重現，接著比較完成的作品和原作，找出不同之處，然後改正。有些藝術家仿作的功力之高，甚至能以僞畫爲生，但這通常不是這個練習的重點。藝術家對重現他人作品並無興趣，而是想要發展出足以讓自己擁有專長的技能和心智表徵，然後透過那項專長傳達個人的藝術觀點。

雖然「心智表徵」這個詞有「心智」二字，卻不能僅靠心智分析。要建立有效的心智表徵，便得嘗試重現頂尖專家的成果，從失敗中認識自身弱點後再次嘗試，如此一再重複。心智表徵奏效與否，和**採取行動**密不可分。不能光憑思考，而是必須透過仿作加強練習，才能建立起自己所追求的心智表徵。

突破高原期，表現不再停滯不前

二〇〇五年，一位名叫喬許．佛爾的年輕記者爲了撰寫記憶力競賽方面的文章來採訪我。之前的章節提過這種活動，競賽的內容可能是比較誰能記憶最多位數或最快記住撲克牌的隨意組合等。喬許在訪談中提到，爲了取得第一人稱觀點，他正考慮參賽，而且即將在頂尖記憶專家艾德．庫克的指導下展開練習，甚至稍稍提到說不定可以利用參賽經驗寫書。

喬許開始接受庫克訓練前，我和研究生透過多種方法測試他的記憶力，目的在了解他的極限。之後好一陣子我們幾乎沒有連繫，有一天他突然打電話給我，抱怨自己進入了高原期，無論再怎麼勤奮練習，就是無法更快速地記住隨機排列的撲克牌順序。

我提供喬許一些突破高原期的建議，他則繼續接受訓練。故事的來龍去脈可見於他所著的《記憶人人hold得住》一書，這裡的重點是：喬許的確進步神速，最後奪得美國二〇〇六年記憶大賽冠軍。

喬許碰上的高原期，在各種訓練中十分常見。剛開始學習新事物時進步迅速很正常，不然也至少會穩定向前。一旦碰到停滯不前的狀況，自然會認爲自己遭遇難以克服的障礙，因而往往不再試著向前邁進，反而認命地在高原徘徊。這就是各個領域的許多人不再進步的原因。

我和史提夫・法隆合作時就碰過這個問題。史提夫曾經卡在某個位數長達好幾週，以爲自己到達極限了。當時他已經打破歷史紀錄，所以比爾・查斯和我也不確定接下來會如何發展。史提夫是不是眞的到了人類極限？又怎麼知道他是不是抵達某個上限了？於是，我們決定做個小實驗，放慢讀出數字的速度。雖然只是稍微調整，卻提供史提夫足夠的時間，以記住明顯比之前更多的位數。他因此深信問題不在位數多寡，而在於能否快速登錄數字。他認爲如果可以更快將數字存進長期記憶裡，也許就能改善自己的表現。

史提夫還碰過另一個高原期，只要位數到了一定長度，他總是會搞混某個數字群中的一、兩個數字，所以擔心自己喚起數字群的記憶力也到了極限。比爾和我因此給出一串比他當時的紀錄多出至少十位的數字，沒想到他成功記住大部分數字，儘管不算完美，記住的總位數卻打破自己的紀錄。這讓史提夫知道的確有可能記住比較長串的數字，他的問題不在記憶力到達上限，而是會搞混整串數字中的一、兩個數字群。於是他集中火力，更小心地將數字群登錄進長期記憶裡，也成功突破了高原期。

史提夫的經驗適用於每個面臨高原期的人：**突破瓶頸的最佳方式，就是以新的方法**

挑戰自己的大腦或身體。比方說，健身的人會改變自己正在做的運動，增加或減輕舉起的重量，或是重複的次數，改變每週的例行訓練。事實上，他們大多會主動變換自己的模式，所以一開始就不會被困在高原期。任何種類的交叉訓練都是基於相同的原則：在不同類型的練習之間來回變換，好不斷地以不同方式挑戰自己。

但有時候，任何想得出的法子都試過了，還是卡住。喬許向我請教記憶撲克牌的建議時，我與他分享了史提夫如何突破瓶頸，並一同討論其中的原因。

我們還聊到打字。如果學的是傳統的十指法，也就是某根手指負責某幾個鍵，最終都會達到一個打起字來輕鬆愉快的速度，一分鐘打出三、四十個字，而且犯的錯很少。這就進入了高原期。

打字老師會運用一套廣爲接受的方法突破瓶頸。多數人的做法是集中注意力，逼迫自己加快速度，結果大約能讓速度提升百分之十到二十。問題是，一旦注意力下滑，打字速度又回到高原期。針對這個現象，打字老師多會建議每天騰出十五至二十分鐘，以這個增快的速度練習打字。

這麼做有兩個好處：第一，幫助學生發現造成打字變慢的障礙——例如特定的字母組合。一旦找出問題，便可設計練習來改善碰到這些狀況時的打字速度。比方說，如果打「ol」或「lo」時經常因爲鍵盤上的「o」幾乎就在「l」的正上方而出錯，就可以一次又一次地利用一連串含有這個組合的字來練習，如old、cold、roll、toll、low、lot、lob、lox、follow、hollow等。

第二，以較平常快的速度打字，會迫使自己先去看接下來要打的字，因而能預先想好手指要擺放的位置。比方說，如果發現接下來的四個字母都是由左手手指負責，便能預先將右手手指擺在第五個字母需要的位置。測驗顯示，頂尖打字員的速度和他們可以預先看到多少個接下來要打的字母密切相關。

雖然打字和數字記憶是非常專門的技能，兩者打破停滯狀態的方式，都指向一個有效突破高原期的共通做法。任何還算複雜的技能都是由許多不同的部分組成，有些部分你做起來會比其他部分得心應手，因此，如果你到達某個難以進步的階段，那只是該技能的一、兩個部分讓你停滯不前，而非全部。問題是，哪些部分？

想弄清楚，就得**比平常更用力地逼迫自己——一點點就好，不要太用力**。這往往有助於找出自己被困住的地方。打網球的人可以找個比平時的球友更厲害的人對打，這樣弱點可能會變得更明顯；經理人可以在忙碌不堪或事情一團混亂時留意哪些地方出了錯，那些問題並非異常，而是指出了可能一直存在、卻不太明顯的弱點。

所以，我建議喬許如果想更快記住撲克牌的順序，應該給自己比平常更短的時間限制，然後看看錯誤從何而來。找出速度快不起來的原因之後，可以設計一些練習來提升他在那些特定事情上的速度，而不只是再三重複嘗試，如此就能透過整體的進步減少花在整副牌上的時間。

若怎麼做都無法突破高原期，可以試試這個方法。首先找出進步停滯的原因：犯了哪些錯？何時做錯的？迫使自己離開舒適圈，看看哪個問題先顯露出來，然後以改善那個弱點爲目標設計練習方法。了解問題所在之後，也許可以自行解決，或者必須請教經驗豐富的教練或老師。無論選哪一種，都要留意練習狀況，如果沒有進步，就得嘗試其他做法。

這個方法之所以奏效，是因爲能針對造成停滯的特定問題對症下藥，而非試試這種、試試那種，然後希望其中有一種方法管用。雖然這個方法在此描述起來很有說服力，對突破高原期也的確大有幫助，不過目前還未廣爲人知，連經驗豐富的老師也未必採用過。

找到持續不懈的動機

二〇〇六年夏季，兩百七十四名中學生到華盛頓特區參加全國拼字比賽。最後，來自紐澤西州春湖市的十三歲女孩凱莉．克洛斯因爲在第二十回合拼出「ursprache」一字而獲勝。我和幾位學生也在現場，希望了解頂尖拼字高手有何致勝祕訣。

我們請每一位參賽者塡寫有關他們如何練習的詳細問卷，問卷中的部分項目也有助於了解參賽者的人格特質。參加拼字比賽的準備方式，基本上有兩種：花時間獨自學習各類表單和字典裡的字，以及請別人抽考那些表單上的字。調查發現，大部分參賽者一開始比較常請別人抽考，之後卻多獨自練習。我們比較了參賽者在競賽中的表現和他們賽前的準備經歷，發現表現出衆的幾位比其他參賽者花了更多時間在有目標的練習——主要是獨自專注於盡可能記下許多單字的拼法。此外，表現頂尖的參賽者花在請人抽考的時間也比較多，但參賽表現和投注於有目標的練習上的時間量更密切相關。

不過，我們眞正感興趣的是：這些學生投入如此大量時間學習單字拼法的動力何在？贏得地方競賽而晉級全國拼字比賽的學生，無論最後是否得名，都在賽前的幾個月內花了許多時間練習，原因何在？尤其，是什麼驅使表現最優異的幾位投入遠比其他人多的時間？

有些人認爲，花最多時間練習的學生之所以這麼做，是因爲眞正喜歡這樣學習單字，並從中獲得某種樂趣。然而，這些學生在問卷上塡寫的答案卻反映了截然不同的事實：他們根本不喜歡學習單字。沒有一個人喜歡，連表現頂尖的那幾位也是。花在獨自學習數千個單字的時間一點都不好玩，做其他事還比較開心。讓拼字高手勝出的，反而是他們不顧過程的無聊和其他更有趣活動的吸引力，**持續投入**學習之中的優越能力。

如何持續不懈？這大概是投入有目標的練習或刻意練習的人最終都會面臨的最大問題。

展開計畫很容易，過完年去上健身房的人都知道。決定要減肥、學彈吉他或學個新語言，馬上投入其中，眞是令人興奮又充滿活力，而且已經能想像減重二十磅（約九公斤）或彈出搖滾名曲的快樂了。過了一陣子，現實襲來，無法擠出時間運動或練習，於是開始蹺課。然後，因爲進步不如想像中快，不那麼好玩了，實現目標的決心也開始減弱。最後完全不去運動或上課，也不重新開始。這就是所謂的「新年新希望效應」。所以，健身房一月的時候都特別滿，到了七月人卻只剩一半，網路上也有很多還算新的二手吉他等著出售。

所以概括地說，問題在於：有目標的練習是苦功。要持續並不容易，就算有維持訓練——定期上健身房或每週花一定時間練吉他——要持續專注地努力也很困難，因此最後也許就不再鞭策自己、不再進步。重點來了：要怎麼解決這種狀況？

回答這個問題前，首先請注意：儘管必須下苦功，持續不懈絕對是有可能做到的事。每個世界級運動員、每個頂尖芭蕾舞伶、每個小提琴演奏家、每個西洋棋特級大師，都實際證明了人可以日復一日、週復一週、年復一年地努力練習。這些人都成功突破了新年新希望效應，讓刻意練習成爲生活的一部分。他們是怎麼辦到的？我們又如何從這些頂尖專家身上學會持續不懈的祕訣？

一開始得先排除一件事。你也許很自然地假設，這些可以持續密集練習多年的人，天生有著其他人欠缺的稀有意志力或「恆毅力」或「堅忍不拔力」，但這麼想就錯了，原因有二。

第一，科學至今仍難以證明有一種通用的「意志力」適用於所有狀況。例如，我們無法證明，爲了準備全國拼字比賽而以足夠「意志力」付出無數小時學習單字的學生，若被要求練習鋼琴、西洋棋或棒球，是否也能展現同樣多的「意志力」。事實上，證據反而顯示，意志力是一種非常受情境影響的特質，人們往往發現在某些領域比較容易鞭策自己，其他領域則不。如果凱蒂努力研究棋藝十年後成爲特級大師，凱爾只下了六個月的棋就放棄，這表示凱蒂比凱爾更有意志力嗎？假如我說凱蒂練了一年鋼琴就放棄，轉而學習西洋棋，凱爾則是國際知名的鋼琴演奏家，你的看法是否有所改變？這種情境依賴性讓人質疑，一個人可以數個月、數年、數十年日復一日地持續練習，是否眞能歸功於某種天生的意志力。

不過，談到「意志力」，還有另一個更大的問題，和第八章會探討的天賦迷思有關。意志力和天賦都是人們在事後替某人冠上的特質：傑森的網球打得好到不可思議，這一定是渾然天成的才能；潔姬長年來每天都花數小時練習小提琴，意志力想必十分驚人。在這兩個例子中，我們都絕不可能事前就判斷正確，也沒有人找出有任何基因決定了這些所謂的天生性格，因此，沒有科學證據顯示有影響意志力的基因存在，就像科學無法證明要在棋藝或鋼琴上表現卓越得靠哪些基因。此外，**一旦假設某件事情是天生的，等於告訴自己對此束手無策**：沒有音樂天分就別想成爲出色的音樂家，缺乏意志力就千萬不要選擇必須拚命努力的路。「沒辦法持續練習代表沒有足夠的意志力，難怪練習無法持續」這種循環論證不僅毫無幫助，最大的傷害是可能讓人覺得連試都不用試。

討論**動機**就有幫助多了。動機和意志力大不相同，你我在不同情境和時間下都有不同的動機，有些比較強，有些比較弱。那麼，最重要的問題變成：哪些因素塑造了動機？藉由提出這樣的問題，便能聚焦在可能提升員工、孩子、學生和我們自身動機的因素。

改善表現和減重之間有些很有趣的相似之處。一般而言，過重的人要開始節食很簡單，也通常會減掉一些重量，不過最後幾乎都會發現體重不再下降，而且逐漸回復減重前的體重。長期下來成功減重的，是那些重新規畫生活的人，儘管面對種種誘惑，建立起來的新習慣使他們得以維持某些行爲而順利減重。

長期維持有目標的練習或刻意練習的人也有類似現象，多會培養各種幫助自己持續不懈的習慣。若想加強某方面的技能，我往往會建議每天至少投入一小時全神貫注地練習，而要維持這樣做的動機，可從兩點切入：**持續的理由**和**停止的理由**。會停下原本想做的事，是因爲停止的理由終究強過持續的理由，因此想維持動機，可以增強持續的理由或減弱停止的理由，而要讓動機發揮效用，通常必須兩者兼具。

想讓停止的理由變弱，有許多做法，其中最有效的一種便是**撥出固定時間並排除其他所有義務和令你分心的事，好好練習**。在最佳狀況下要迫使自己練習可能就夠困難了，如果有其他事可以忙，往往會被引誘去做，而且會合理化地告訴自己那件事眞的非做不可。經常如此，就會逐漸疏於練習，等於讓訓練計畫走進死胡同。

我在柏林研究小提琴學生時，發現他們多喜歡一早起床就練琴，那段時間也會刻意排除其他活動，純粹安排爲練習專用。此外，將那段時間設爲練習時間也能培養習慣和責任感，有助於向其他誘惑說不。頂尖組和傑出組學生藉由午睡，平均每週比優等組學生多睡大約五小時。優等組、傑出組和頂尖組的學生每週花在休閒活動上的時間相當，不過頂尖組估計自己的休閒時間比其他組精準，表示他們在時間規畫上較認眞。好的計畫有助於避開許多可能導致練習時間縮短的事情。

基本上，就是要**找出可能干擾訓練的因素，並盡量減低影響**。如果容易因爲手機分心，就關機，甚至最好關機後放在另一個房間；不是早起型的人想在早上運動特別困難，那就將慢跑或運動課程安排在稍晚的時段，身體比較不會跟自己作對。我注意到有人因爲睡眠不足，一天的開始總是不太順利。理想狀態應該是自己醒來（也就是不須靠鬧鐘喚醒）且精神煥發，如果不是這樣，可能得早點就寢。任一因素造成的差別也許很小，種種原因加起來，影響可就大了。

希望有目標的練習或刻意練習能生效，就必須逼迫自己離開舒適圈，並維持專注力，這些卻極費心神。頂尖專家有兩個習慣雖然看似和動機無關，實際上卻有幫助。第一個是**照顧身體**：睡眠充足，並保持身體健康。人在疲憊或生病時較難維持專注力，也較容易懈怠。第四章提過，那些小提琴學生會確保自己每晚都睡得很好，許多人也會在上午練習過後睡個午覺。第二個習慣是**將練習時間控制在大約一小時**。人無法全神貫注超過一小時太多，訓練初期能集中注意力的時間可能更短，建議想將練習拉長至超過一小時的人每練一小時都休息片刻。

幸好只要維持練習，就會越來越容易做到，身心都會逐漸習慣練習。賽跑選手和其他運動員訓練久了，便對運動帶來的痛苦習以爲常。有意思的是，研究發現，雖然運動員習慣自身運動項目帶來的苦楚，總的來說卻沒有因此適應痛苦，還是像一般人一樣敏銳地感受到其他種類的痛苦。同樣地，隨著時間過去，音樂家和其他密集訓練的人會到達一個不再覺得無數小時的練習很辛苦的階段，雖然練習不可能變成天大的樂事，但最終會接近「中性」，也就沒那麼難以持續下去了。

以上討論了幾種降低放棄練習傾向的做法，現在來看看如何增加持續的意願。

當然，動機一定是希望自己所練的技能可以更上一層樓，若沒有這種渴望，又何必練習？不過這種想法可能以各種形式展現。也許純屬內在，例如你就是說不上原因地一直希望學會摺紙藝術，心中就是有這份渴望。有時是渴望有歸屬感，熱愛交響樂的人也許希望成為樂團的一分子，希望也能演奏出美妙的音符、體驗上台演奏的感受，不過對豎笛、薩克斯風或某種特定樂器可能就沒有特別感受。也有可能完全出自實用的外在目的，例如明明不喜歡公眾演說，但認知到自己因為缺乏這項能力而影響了事業發展，所以決定學會在大眾面前演講。以上可能是動機的來源，卻不是——至少不應該是——唯一的動機。

針對頂尖專家的調查顯示，**在練習了一陣子並看見成果後，技能本身就可能成為動機的一部分，讓你為自己的表現自豪**。朋友的稱讚帶來喜悅，自我認同也有所改變，開始察覺自己的確能成為公眾演說家、短笛高手或摺紙專家。一旦認清這個新身分來自投入大量時間練習以發展技能，進一步的練習在你眼中就成了投資，而不再是耗費。

刻意練習的另一個關鍵動機因素是**相信自己能成功**。為了在毫無心情時也能自我鞭策，必須相信自己一定會進步；想要成為頂尖專家，更得相信自己一定能躍升為佼佼者。這種信念的力量強大到可以蓋過事實。一九四〇年代初期曾打破十五項世界紀錄的瑞典知名中長跑選手岡德．哈格，成長時期與擔任伐木工的父親住在瑞典北方一個偏遠地區。剛進入青春期的哈格喜歡在森林裡奔跑，他和父親開始好奇他能跑多快，於是找到一條一千五百公尺長的路徑，哈格沿著路徑跑步時，父親就以鬧鐘替他計時。哈格跑完後，父親表示他以四分五十秒跑完了，在森林中跑這樣的距離，這種成績很驚人了。哈格之後在自傳中提到，當時他因爲那次的表現深感激勵，相信自己可能跑出一番成就，所以加倍認眞地練習，也的確成爲全世界最出色的賽跑選手。多年後父親才向他坦承，其實那次試跑的成績是五分五十秒，之所以捏造出較短的時間，是怕哈格失去對跑步的熱忱才這麼鼓勵他的。

心理學家班傑明．布魯姆領導過一項研究，以衆多領域的多名專家爲對象進行童年調查。研究發現，這些專家年幼時，父母都會運用各種辦法讓他們不中途而廢。其中更有幾位專家提到，年輕時曾經因爲生病或受傷而長時間無法練習，等到終於可以繼續練習時，表現往往不如從前，於是感到沮喪而想放棄，這時父母會表示想放棄可以，但至少要先練習到恢復先前的水準——這就是祕密招數。這些未來的專家練習了一陣子並回復以往的水準時，自然會發現持續進步的確有可能，之前只不過是一時挫敗。

信念的重要不容忽視。也許你身邊沒有像哈格父親一樣的人，卻能從布魯姆針對專家的研究中學到：無論是因爲退步或進入高原期，當你不再相信自己能達成目標時千萬別放棄，先和自己約定好，等到重回先前水準或突破高原期後再說，到時大概就會繼續下去了。

最強而有力的外部動機之一是**社會動機**，呈現的方式很多，最單純直接的就是得到他人的認可和欽佩。年幼的孩子常因爲希望獲得父母的認可，而產生練習樂器或運動的動力；孩子大一點時，動力則往往源於努力的成果獲得正面回應；練習久到技能達某個等級之後，則因爲能力而得到認可，例如這個孩子是個藝術家，那個孩子彈得一手好琴，另一個孩子在籃球場上表現突出等，這樣的認可提供了孩子繼續向前的動機。許多青少年和成年人投入某項樂器或運動的原因，都是因爲相信這麼一來能更受異性青睞。

建立和維持社會動機最好的方法，就是**讓自己身邊圍繞著你努力時會給予鼓勵、支持和挑戰的人**。柏林那些小提琴學生不僅多和其他音樂系學生相處，約會對象往往也屬於相同背景，或者至少能欣賞他們對音樂的熱忱，並了解他們必須將練習列爲優先。

希望身邊都是支持你的人，在團體或團隊活動中最容易實現。比方說，交響樂團的一分子可能會因爲不希望讓同事失望而更想努力練習，也可能因爲必須和一些同事在同一項樂器上一較高下，或者兩種原因都有。棒球和壘球隊成員也許會同心協力地爲贏得冠軍努力求進步，不過同時對於和其他夥伴間的競爭也心知肚明，而且可能因此受到激勵。

然而，這裡最重要的因素可能是社會環境本身。刻意練習會是條寂寞的長路，但是若有處境相同的一群朋友，例如交響樂團、棒球隊或西洋棋社的其他成員，等於內建了一套支援系統。這群人了解練習需要投注的心血，可以共享訓練祕訣，你成功或遭遇困難時，他們都能感同身受，等於彼此可以相互依靠。

我曾問培爾・赫姆洛夫，爲什麼高齡七十幾歲的人會爲了拿到黑帶而願意每週投入這麼多時間，他表示自己會對空手道產生興趣，是因爲看到孫子們開始練習，喜歡在他們練習時於一旁觀看、跟他們互動。不過多年來支持他繼續下去的，是和同學及老師的互動。空手道的練習多是兩兩一組，培爾找到的訓練夥伴是一名小他約二十五歲的女子，她的孩子也在學校練空手道。這位夥伴給了培爾許多支持，一直鼓勵他繼續空手道之夢。此外，訓練班的好幾位年輕男同學也常常鼓勵他，這種夥伴情誼堅定了他持續不懈的動力。

我最近一次和培爾連繫是二〇一五年夏天，當時他七十四歲，已和妻子搬到瑞典的奧勒山區。培爾已經晉級藍帶，準備參加棕帶考試，卻因爲無法繼續在空手道學校和其他學生一同訓練，而決定放棄朝黑帶邁進。每天早上他依然按照教練替他量身訂做的方法持續練習，暖身、練習空手道動作、利用壺鈴鍛鍊、靜心，也時常在山中健行。培爾在給我的信中表示，他的人生目標是「智慧與活力」。

說到這兒，我們再回到富蘭克林的故事。年輕時的他對哲學、科學、發明、寫作、藝術等各項涉及心智的領域頗有興趣，都希望在這些領域有所進展。二十一歲時，他邀請當時費城十一個頂尖金頭腦組成名爲「講讀社」的團體，以求一同進步。該團體的成員每週五晚上碰面，鼓勵彼此在各個心智領域持續追求進步。每回聚會時，每一名成員都要提出至少一個有趣的談話主題，談的可能是道德、政治或科學等。這些主題多以問題的形式呈現，成員們「誠摯追求事實，不一味爭執或渴望勝出」地進行討論。爲了確保討論是公開的、合作的，講讀社嚴禁成員彼此反駁或過度強烈地表達意見。每三個月，講讀社的一名成員也必須撰寫主題不拘的文章一篇，念給其他成員聽，然後進行團體討論。

這個社團的宗旨之一，就是鼓勵成員投入心智相關的時事議題。富蘭克林成立這個社團不僅是爲了讓自己與費城最有意思的人往來，也希望自己更有動力深入這些主題（其實他應該本來就充滿動力）。由於知道自己每週都得提出一個引人深思的問題，同時也要回答其他人的問題，他因此有額外的動力去閱讀和了解當時科學、政治和哲學上最急迫且挑戰人心智的議題。

同樣的做法可應用於幾乎所有領域：**邀請興趣相同的人共組團體，或是加入現有的**

社團，**將團體中的夥伴情誼和共同目標化爲達成自身目標的額外動機**。這正是許多社團組織成立的意義，無論是讀書會、棋社或社區劇團，加入或成立這樣的團體非常有助於成年人維持動機。不過得注意其他成員是否也抱持相同的精進目標，如果是希望保齡球打得更出色而加入保齡球隊，其他成員卻想輕鬆地打而對比賽成績毫不在乎，最後你一定會大失所望且失去動力。若你希望自己的吉他技巧能進步到發展出一番音樂事業，那加入的樂團絕對不能只想每週六晚上在某人家的車庫裡彈彈唱唱。

就本質而言，刻意練習絕對是條寂寞的路。儘管可以和志同道合的人組成團體，彼此支持、鼓勵，大多數的進步還是得靠獨自練習。那麼，該如何維持長期專注練習的動機？

在此提供一個很好的建議：想辦法讓自己經常看見具體的進步跡象，哪怕只是向前一小步。**將這條漫長的路分成一連串可達成的目標，一次聚焦一項**，每完成一項目標可以小小地獎勵自己。就像鋼琴老師都知道，面對初學者，最好將長期目標切割爲不同階段，如此一來，學生每到達一個新階段便會獲得成就感。這種成就感不僅增加學生的動機，也讓學生不會因爲看似沒有進步而氣餒。階段的劃分是否完全合理並不重要，重要的是老師將看似遙不可及的學習範圍轉換爲一系列清楚的步驟，讓學生的進步更具體，並從中得到更多鼓勵。

阿丹計畫中的高爾夫球選手丹．麥勞佛林爲了符合PGA巡迴賽資格而努力時，也採取類似的做法。打從一開始，他便將夢想分成幾個階段，每一階段都聚焦於加強某項特定技巧，也在各個階段發展出監控進展的方法，好知道目前的狀態和進度。首先，丹練習推球，好幾個月都只拿著推球桿練習，並且設計多場比賽，以再三重複地練習相同技巧，同時記錄自己每一場的表現。例如在一開始的某場比賽中，他在距離球洞三英尺的周圍平均標示了六個地方，然後試著從每一處將球推進洞裡並重複十七回，等於總共練習了一百零二次推球。每推六次，丹就會統計自己成功推球進洞幾次，將成績記錄下來，好具體了解進展。這樣不僅能從中得知犯下的錯誤、需要加強的地方，還能看見自己一週一週逐漸進步。

之後，丹逐一學會使用其他球桿，從挖起桿、鐵桿、木桿，最後是開球木桿。經過逾一年半的努力，二〇一一年十二月時，他已經能運用整套球桿打完一整場球。這個時候的他也從七種不同面向記錄自己的進步，包括開球準確度、將球從球座打進球道的頻率、左右邊多常失誤，也記錄球上了果嶺後，平均得推幾次才能入洞等。統計數字不僅讓他明白自己有哪些弱點、該如何加強，也等於寫下他成爲高爾夫球專家的點滴歷程。

熟悉高爾夫球的人都知道，要衡量丹的進展，最重要的指標是「差點」。差點的算法有點複雜，不過基本上能說明丹狀況不錯時可以有的表現。例如，差點爲十的人大概能以高於標準桿十桿的成績打完十八洞。差點可以讓能力不同的選手在盡可能平等的條件下競賽，由於差點出自先前二十次左右的球賽成績，因此會不斷改變，正可以用來評估選手的表現進展。

二〇一二年五月開始計算和記錄時，丹的差點是八．七，對才練兩年球的人而言已經是不錯的成績。二〇一四下半年，他表現亮眼，差點在三和四之間變動。二〇一五下半年我在撰寫本書時，丹因爲療傷必須暫停練球一陣子，那時他已經投入六千多個小時練習，等於超過他一萬小時目標的百分之六十。

雖然還無法知道丹能否達到參加ＰＧＡ巡迴賽的目標，不過三十歲且毫無高爾夫球經驗的他已經以實際行動證明，只要練習得當，便能成爲高爾夫球專家。

我的電子信箱裡還有好多類似的眞實故事。丹麥一位心理治療師透過刻意練習加強歌唱技能，錄製的歌曲後來在全丹麥的各個廣播電台播放；佛羅里達州一名機械工程師利用刻意練習培養繪畫能力，並將令人驚豔的人生第一幅畫送給了我；巴西一位工程師決心花一萬小時（又是這個數字！）成爲摺紙高手。這些人有兩個共同點：**他們都懷抱夢想，並在了解刻意練習之後發現有一條路可以實現夢想**。

這正是這些故事和研究要傳達的重點：沒有理由不去追隨自己的夢想。刻意練習能爲你開啓大門，通往一個充滿可能性、先前卻認爲遙不可及的世界。把那扇門打開吧！

第7章

邁向非凡的路線圖

專家的養成會經過四個不同的階段：產生興趣、變得認真、全心投入、開闢新路。在某種意義上，你可以把這一章想成打造專家的參考手冊，也可以視為邁向非凡的路線圖。

一九六〇年代末期，匈牙利心理學家拉茲洛·波爾賈和妻子克拉拉展開了即將耗費他們二十五年的偉大實驗。拉茲洛之前已經研究了數百位在不同領域被視爲天才的人，結論是只要栽培得當，任何孩子都可能成爲天才。他在追求克拉拉時勾勒出自己的理論，並表示希望未來的另一半能和他一同以親生孩子驗證。克拉拉這名來自烏克蘭的教師必定是個很特別的女子，因爲她正面回應了拉茲洛的另類追求，並答應嫁給他（不只答應求婚，也同意一起將他們未來的孩子培養成天才）。

拉茲洛深信他的訓練能適用於任何領域，因此對於之後孩子要發展哪一項長才沒有什麼特別意見，兩人就此討論了不同選項。語言是其中之一：孩子可能學會多少種語言？另一條路是數學，頂尖數學家當時在東歐地位崇高，因爲共產政權積極設法證明自己比墮落的西方政權優越，而主攻數學還有一項附帶的好處：當時沒有頂尖女性數學家，若拉茲洛和克拉拉生了女兒，他的理論便更具說服力。不過，他們決定走第三條路。

「其實只要開始得夠早，並投注大量時間和熱忱於其中，任何專長都可行。」克拉拉後來對一名記者說道，「不過我們選擇了西洋棋，因爲這項技能既客觀又容易測量。」

西洋棋在當時一向被視爲男性獨霸的活動，女性棋士往往被當作次等公民。因爲一般都認爲要求男女一起比賽並不公平，所以有女性專屬的巡迴賽和錦標賽，也從未有女性成爲特級大師。

波爾賈夫婦後來生了三個孩子，全是女兒，更加可以印證拉茲洛的論點。

大女兒蘇珊出生於一九六九年四月，二女兒蘇菲亞出生於一九七四年十一月，小女兒茱蒂則於一九七六年七月誕生。拉茲洛和克拉拉讓女兒都在家裡接受教育，以爭取更多培養棋藝的時間。不久，波爾賈夫婦的實驗就寫下驚人的成果。

蘇珊參加第一場巡迴賽時才四歲，卻以十局全贏（沒有平手）的成績稱霸布達佩斯十一歲以下女童錦標賽；十五歲時，蘇珊已是世界頂尖的女性棋士，之後更成爲史上第一位通過和男性棋手一樣的層層關卡而獲得特級大師頭銜的女性（另外兩名女性則靠贏得只有女棋手參加的世界錦標賽而獲得特級大師頭銜）。然而，蘇珊還不是姊妹中最傑出的。

波爾賈夫婦的二女兒蘇菲亞也在西洋棋界闖出亮眼成績。亮點出現在羅馬的一場巡迴賽，當時也有數名備受尊崇的男性特級大師參加，卻由年僅十四歲的她稱霸，九局比賽中贏得八局，一局平手，而她光憑這場巡迴賽就獲得兩千七百三十五分的積分，這是當時任何男性或女性棋士都未能創下的佳績。雖然蘇菲亞最高的總積分是兩千五百四十分，遠超過特級大師兩千五百分的門檻，而且在任何認證巡迴賽中都表現非凡，卻從未獲得特級大師頭銜，原因顯然不出在棋藝，而是政治考量（蘇菲亞和她的姊妹都未曾向棋界的男性團體示好）。蘇菲亞曾是全世界排行第六的女棋士，不過她的表現在波爾賈三姊妹中算是比較差的。

茱蒂是拉茲洛．波爾賈實驗的王牌，才十五歲五個月大就成了特級大師，是當時該層級中最年輕的（無論男棋士或女棋士）。她連續二十五年都是全球女棋士排行榜榜首，直到二〇一四年從棋界退休。此外，她一度是全世界**所有棋士**的第八名，二〇〇五年還成為首位——也是至今唯一一位——參加世界西洋棋錦標賽的女棋士。

波爾賈三姊妹顯然都是專家，每一位都在表現評量方式極度客觀的西洋棋界成為全球佼佼者。在棋賽中，風格不算分，教育背景不重要，履歷表也可放一邊，因此她們的厲害無庸置疑，棋藝確實非常高超。

她們的背景的確有些特殊之處，畢竟鮮少有父母能這般執著於將孩子打造成世界頂尖，但這個故事也是個雖然極端卻清楚的例子，說明成為頂尖專家要下的功夫。蘇珊、蘇菲亞和茱蒂成為西洋棋大師的歷程，和所有專家邁向非凡的經驗別無兩樣。值得一提的是，心理學家發現專家的養成，從一開始的稍有興趣到全然專精，會經過四個不同的階段，而波爾賈三姊妹為人所知的點點滴滴都顯示她們的確走過這些階段，只不過因為她們父親引導發展的方式而有些微不同。

本章將深入探討成爲頂尖專家要下的功夫。稍早提過，我們對刻意練習的認識多來自針對專家及他們發展出非凡能力的方式進行的研究，但本書仍聚焦在這些對一般人的意義，也就是雖然你我可能永遠不會成爲某領域的全球佼佼者，但還是可以運用刻意練習的原則改善自身表現。現在，我們將焦點轉到全球最優秀的人身上，看看世界級音樂家、奧運選手、榮獲諾貝爾獎的科學家及西洋棋特級大師的經歷。

在某種意義上，你可以把這一章想成打造專家的參考手冊，也可以視爲邁向非凡的路線圖，雖然不會鉅細靡遺地說明如何培養出下一個茱蒂・波爾賈或網球巨星小威廉絲，卻能讓讀者清楚了解若選擇這條路，要做好哪些心理準備。

本章會一步步說明該如何充分利用人類的適應力，達到人類能力的新領域。這個過程通常從幼年或青春期初期開始，延續十年以上，直到專家級水準。但這時任務還沒結束，頂尖專家的特質之一便是就算在該領域已經出類拔萃，依然孜孜不倦地練習和精進技巧，也因此能躍上顛峰、寫下紀錄，向全世界展現人類所能。

第一階段：產生興趣

蘇珊・波爾賈接受雜誌訪問時，提到自己和西洋棋的初次邂逅：「我在家裡的櫥櫃找新玩具時，發現了人生第一套棋組。一開始吸引我的是棋子的各個形狀，之後則著迷於其中的邏輯和挑戰。」

有意思的是，蘇珊對於自己對西洋棋的興趣如何開始的記憶，其實和她父母的計畫有所不同。就我們所知，拉茲洛和克拉拉已經決定將蘇珊培養成出衆的棋士，所以恐怕不能單靠她恰好找到棋組發展出興趣。

但確切的細節並不重要，重要的是，蘇珊在孩童時期就對下棋感興趣，而感興趣的原因也正是那個年紀（三歲）的孩子唯一在乎的：她認爲西洋棋子就像玩具一樣有趣，可以拿來玩。年幼孩子好奇心旺盛，也喜歡遊戲，「想玩」就是孩子嘗試各種事物的初始動機，看看哪些有趣、哪些不好玩，參與有助於建立不同技能的各種活動。這個階段的孩子當然還在發展初階技能，將棋子排在棋盤上、丟球、揮拍、按照顏色和圖案排列彈珠等，不過對未來專家而言，這種與他們感興趣的任何事物遊戲般的互動，正是他們邁向終極熱愛的第一步。

一九八〇年代初期，心理學家班傑明．布魯姆在芝加哥大學進行了一項研究，想了解的問題很簡單：專家的童年有何不同之處，讓他們超越衆人發展出非凡能力？布魯姆和研究團隊選出六個領域的一百二十位專家，有鋼琴演奏家、奧運游泳選手、網球冠軍、數學家、神經學家和雕刻家，尋找影響他們發展的共同因素。研究歸納出三個階段，的確可視爲每個領域專家的發展過程共有的經驗，而不僅限於布魯姆研究的這六個領域。

第一個階段中的孩子以遊戲的方式認識了之後成爲其專長的事物，例如蘇珊·波爾賈找到了西洋棋棋子，並被形狀吸引；老虎·伍茲九個月大就拿著高爾夫球桿當玩具。一開始，父母會跟著孩子的程度一起玩遊戲，但慢慢地就將遊戲引導到「玩具」的眞正用途，向孩子解釋每個棋子的走法、怎麼用高爾夫球桿打球，或是向孩子示範鋼琴除了發出聲音之外，還能彈奏出曲調。

進入這個階段後，未來專家的父母在孩子的發展上就扮演關鍵角色。原因之一是要給予孩子大量的時間、關注和鼓勵，另一個原因在於這些父母往往非常成就導向，會教導孩子自律、努力、責任及妥善運用時間等觀念。等到孩子對某一領域展現興趣，就會要求他同樣秉持自律、努力和追求成就等特質投入其中。

這個階段對孩子的發展影響極大。**許多孩子一開始有動機探索或嘗試新事物，是出於與生俱來的好奇心或遊戲性，因此父母有機會以剛萌芽的興趣作爲展開某項活動的跳板**。不過，源自好奇心的初期動機還是需要補強，讚美對年幼的孩子而言效果奇佳。另一個動機來源則是因爲發展出某種技能而獲得的**滿足感**，尤其成就若得到父母的肯定，動力更強。孩子一旦可以穩穩地一再用球棒擊中球、以鋼琴彈奏出簡單的曲調，或是數出盒中有幾顆雞蛋，這樣的成就會讓他自豪，並成爲在這方面繼續向前的動機。

布魯姆及其團隊的研究發現，專家往往會**延續父母本身的興趣**。對音樂有涉獵的父母，無論是從事相關工作或單純喜歡欣賞音樂，孩子往往也會發展出對音樂的興趣，因爲他們能藉此和父母共度時光、分享樂趣，這點也可見於喜愛運動的父母。後來成爲數學家或神經學家的孩子，可能也是因爲父母較常和他們談論涉及這類智力活動的話題，並強調教育和學習的重要。父母——至少是孩子日後成爲專家的父母——就是以這種方式塑造了孩子的興趣。布魯姆的研究中並未找到類似波爾賈的例子，即父母一開始便刻意將孩子推往某個特定領域，但其實就算不刻意，也會有同樣的效果，光是大量與孩子互動，便能激勵孩子發展出相似的興趣。

孩子在第一個階段還沒展開眞正的練習，那是之後的事，不過許多孩子卻能想出一些半遊戲半訓練的活動。馬里奧·拉繆就是個好例子，這位公認史上數一數二的冰上曲棍球選手有兩個哥哥——艾倫和理查——三人小時候常跑到家裡的地下室，像在冰上一樣穿著襪子滑來滑去，拿廚房的木頭湯匙打金屬瓶蓋。英國史上最優秀的跨欄選手大衛·亨梅力則提供了另一個實例，小時候的他會將許多活動化爲單人競賽，不斷自我砥礪以求進步，耶誕節收到彈跳棒這份禮物，就將電話簿疊起來當作跳躍障礙。雖然沒有任何研究調查過這種練習遊戲的價值，不過這些孩子似乎正踏出邁向專精的第一步。

馬里奧・拉繆的故事也點出這些奇才年幼時的另一項特點：多少頂尖專家有兄姊作爲激勵、學習、競爭及模仿的對象？茱蒂・波爾賈有蘇珊和蘇菲亞；莫札特年長四歲半的姊姊瑪麗亞・安娜在他開始對音樂產生興趣時，已經在彈大鍵琴了；小威廉絲追隨同爲網球名將的姊姊大威廉絲的腳步；米凱拉・席弗林於二〇一四年的奧運成爲史上最年輕的障礙滑雪冠軍，她的哥哥泰勒也是滑雪選手。類似的例子不勝枚舉。

這又是另一種動機。小孩子看見哥哥姊姊因爲從事某項活動而得到父母的注意和讚美，自然也希望參與，以獲得關注和讚賞。對有些孩子來說，**手足間的競爭**本身就有激勵作用。

許多研究也顯示，孩童的手足若展現某方面的才能，父母中至少有一位往往也會鼓勵他們投入，正如波爾賈姊妹和莫札特的例子——老莫札特對打造出奇才的投入可不遜於拉茲洛・波爾賈。此外，大小威廉絲的父親理查・威廉絲正是帶著培養專業網球選手的意圖讓女兒接觸網球的。像這樣的例子很難釐清手足和父母各有何影響，不過當中成就較高的，多是年幼的弟妹，這點恐怕並非巧合。原因之一也許是父母可以從年長孩子的身上汲取經驗，進而更完善地指導年幼的子女，不過也可能是因爲觀察兄姊完全投入活動對弟妹有一些好處。看著哥哥姊姊投入某項活動，弟弟妹妹也許因此產生興趣，降低原本可能開始接觸該活動的年齡，而接受哥哥姊姊的指導也比向父母學習有趣多了。

此外，手足間的競爭對弟妹的幫助勝過兄姊，畢竟年長的一方因為多了幾年的訓練，技能自然較高。

布魯姆在後來成為數學家和神經學家的人身上，發現與運動員、音樂家和藝術家有些許不同的童年模式。前者的父母並未引導孩子接觸某個領域，只是整體而言較偏好智力活動，鼓勵孩子展現好奇心，將閱讀視為重要的休閒活動，在孩子很小的時候就念書給他聽，孩子大一點之後則會自行閱讀。這些父母也會鼓勵孩子製作模型或做科學實驗，寓教於樂。

無論細節為何，這些未來的專家都發展出類似的模式，也就是到某個時間點便開始對特定領域展現格外濃厚的興趣，其發展也比同齡孩子更指日可待。蘇珊．波爾賈對於把棋子當玩具不再感興趣，轉而著迷於棋賽中棋子如何在棋盤上移動，以及和其他棋子互動，這就是她的那個時間點。走到這一步，孩子已經準備好進入下一階段了。

第二階段：變得認真

未來的頂尖專家對某個領域產生興趣、展現潛力後，下一個步驟往往就是請教練或老師授課，也多在這個階段第一次接觸到刻意練習。從此，練習不再等於遊戲，而成了功課。

引導學生進入這種練習的人本身大多不是專家，指導兒童卻很有一套，知道如何在學生運用刻意練習求進步時激勵他們繼續向前。這些老師很有熱忱，也很清楚在學生小有成績時如何鼓舞、獎勵，可能是透過讚美，或是糖果等具體的小獎品。

以波爾賈三姊妹而言，拉茲洛就是她們的第一位老師。雖然他的棋藝並不突出，每個女兒不到青春期就遠遠超越他，但他的棋藝足以引導她們入門；更重要的是，他有辦法讓她們維持興趣。茱蒂說過自己從沒遇過像她父親那樣會鼓舞士氣的人，這點對專家的初期發展稱得上是關鍵——**培養技能和習慣的同時，也維持興趣與動機**。

父母的角色當然也非常重要（拉茲洛對波爾賈三姊妹而言是父母兼老師）。父母可以協助孩子建立作息——例如每天練琴一小時——並給予支持和鼓勵，孩子有進步則讚美他們，必要時也會督促孩子將練習放在其他活動之前，練習後再玩。孩子如果無法維持練習計畫，父母也許會以較極端的做法介入。布魯姆研究的專家當中，有些人的父母曾威脅要停掉鋼琴課、賣掉鋼琴，或者不再帶孩子去練習游泳。在這個關頭，這些面臨抉擇的頂尖專家顯然都選擇持續下去，別的孩子可能就會選擇另一條路。

儘管父母和老師激勵孩子的方式五花八門，動機終究還是要來自孩子本身，否則難以持久。孩子年幼時，父母可以利用讚美和獎品鼓勵，但這並非長久之計，父母和老師倒是可以**協助孩子找到喜歡的相關活動，以維持長時間的動力**。舉例來說，孩子如果發現自己喜歡在衆人面前演奏樂器，可能就足以鼓勵他投入所需的練習。若協助孩子發展心智表徵，孩子也會因爲更能樂在其中而增加動機，例如音樂方面的心智表徵能讓孩子更喜歡聆聽音樂演奏，並且更享受獨自在練習室演奏喜愛的曲子帶來的快樂；棋局的表徵讓棋士更能欣賞下棋的美好；培養出棒球比賽的表徵，則能幫助孩子進一步理解和欣賞賽事中的決定性策略。

布魯姆在後來成爲數學家的孩子身上觀察到不同的興趣和動機模式，很大一部分是因爲他們在自己感興趣的領域起步較晚。多數父母不會在孩子六歲時就聘請數學老師來上課，這些數學界的明日之星反而多在國中和高中時期才開始接觸代數、幾何、微積分等進階數學課程，而且燃起他們終身興趣的多是授課老師，而非父母。最優秀的老師不會只著重如何利用公式解開問題，而會鼓勵學生去思考共通的模式和演算過程，也就是強調「爲什麼」重於「怎麼算」。這些未來的數學家因爲老師的教學點燃了興趣，產生不斷學習的動機，日後也以數學家的身分進行研究。

孩子年紀較大時，產生的興趣未必是受到父母影響，自然也較不需要父母督促或鼓勵，才願意做功課或老師指派的練習。這些人的父母的共同點，就是看重學業表現，並曾清楚表示希望孩子在高中、甚至大學畢業後繼續念書。

在這個階段的前半部，父母和老師的鼓勵與支持對孩子的進步至關重要，但等到孩子開始嘗到辛苦努力帶來的果實，就逐漸變得可以自我激勵。學習鋼琴的學生爲他人演奏而享受掌聲，練習游泳的人沉浸於同儕的認可與尊敬——這些學生越來越融入過程之中，而他們的自我形象也開始包含那些使他們優於同儕的能力。如果是游泳這種團隊運動，學生往往會因爲有志同道合的人作伴而開心，但無論原因爲何，動機會逐漸從外部轉向內部。

最後，隨著學生持續進步，他們會開始尋求更厲害的老師和教練帶領自己進入下一階段。比方說，鋼琴學生往往會將住家附近的老師，換成自己可以找到最好的老師，而這個老師在接受學生前，常常會要求試奏。練習游泳的學生也一樣，這時不再以交通方便爲考量，轉而選擇最厲害的教練。在這樣的進階指導下，學生的練習時間也被拉長，父母雖然依舊提供學費、設備等支援，但練習的責任幾乎全部落到學生本身，以及教練和老師身上。

蒙特婁康考迪亞大學的學者大衛．帕黎瑟研究才華洋溢的藝術家時，發現他們在孩童時期也曾展現類似的動機。研究指出，當時他們雖然還需要父母和老師「在情感和技術層面上支持」，但是「在追求非凡成就上已經能自我激勵和督促了」。

布魯姆發現，這些未來的專家在進入這個階段二到五年後，從自己專攻的技能上得到的自我認同，會開始多於學校或社交生活等其他領域，在十一、二歲的年紀便將自己視爲「鋼琴家」或「游泳選手」，有些則在將近十六、七歲時便相信自己會成爲「數學家」，也就是開始對專攻的技能認眞了。

無論是在這些階段，甚至是人的一生，其實都很難釐清各種影響動機的因素。好奇心等內在心理因素絕對有影響，父母和同儕的支持與鼓勵等外在因素也是。不過，人們往往忽略了實際從事活動時引發的神經運作，無論是下棋、演奏樂器或學習數學，都會因爲大腦產生變化而提升正在培養的技能實力，所以我們也應該考量這樣的練習是否也會改變掌控動機和樂趣的大腦結構。

雖然這個答案目前仍無解，不過藉由長年的練習培養某領域技能的人確實會從中獲得極大的樂趣，音樂家喜歡演奏音樂，數學家喜歡研究數學，足球員喜歡踢球。當然，這可能完全源自一個自我選擇的過程，也就是願意投注數年練習某件事的人自然會樂在其中，但練習本身也可能帶來生理上的適應，讓人在從事該活動時更開心且充滿動機。儘管目前這些都是臆測，卻是合理的臆測。

第三階段：全心投入

這些未來的專家在青春期初期或中期時，大多會承諾要全心投入，盡自己所能成爲佼佼者。

全心投入就是第三個階段。

這個階段的學生常常爲了接受訓練而尋求最優秀的老師或學校，有時甚至會舉家遷移到國土的另一邊。這時找的老師通常本身就曾是該領域的佼佼者，鋼琴演奏家、專門訓練奧運選手的游泳教練、學界頂尖的數學家等。要成爲這些人的學生往往並不簡單，老師唯有在相信學生可能出人頭地的情況下才願意接受。

學生面對的期許會逐漸提升，直到人類所能做到的最高境界。游泳選手會不斷被要求突破個人紀錄，之後得挑戰全國、甚至世界紀錄；鋼琴家在彈奏越來越困難的曲目時被期待要表現得無懈可擊；數學家則被期待解開沒人解開過的問題，以證明自己的能力。當然，沒人期待學生要馬上就有這樣的表現，但這一定是終極目標：突破人類能力的極限，躍上顛峰。

在這個階段，動機完全來自學生本身，但家庭可能依然在支援上扮演重要角色。以爲了接受頂尖教練指導而搬家的青少年爲例，通常全家人都得跟著搬，訓練本身的花費也可能很驚人，不僅是聘請老師或教練的費用，器材、交通有時也很昂貴。

《錢》雜誌曾於二〇一四年估計一個家庭要培養出頂尖網球選手，必須投資多少費用。個人課程得花四千五百至五千美元，外加七千至八千美元的團體課；場地費一小時五十至一百美元不等；參加全國巡迴賽的報名費約一百五十美元，還要加上交通費，頂尖的網球選手每年大概會參加二十場左右的巡迴賽；請教練陪同出賽每天得支付三百美元，還不包括交通、住宿和餐費。以上林林總總加起來，每年大概得花三萬美元。儘管如此，許多眞的非常認眞的學生還是會到網球學校接受一整年的訓練，費用因此大幅提升。以位於佛羅里達州的美國國際管理集團運動學院爲例，一年的學費和住校費用是七萬一千四百美元，想參加各項巡迴賽，還得額外支付費用。

布魯姆的研究指出，極少家庭負擔得起讓一個以上的孩子追求這種層級的表現，這不令人意外。除了所費不貲，父母也得一路全力支持，幾乎像正職工作般於週間來回接送、週末帶孩子去參賽等。

雖然如此，在這條艱辛的路上堅持到最後的學生就能成爲頂尖菁英，可以高聲表示自己登上了人類成就的顚峰。

年齡與身體和大腦適應力之間的關係

布魯姆研究的一百二十位專家，都在孩童時期就踏上登頂之路，頂尖專家幾乎都是如此，但我也常被問到若稍晚才開始接受訓練，成功機率有多大。雖然各領域在具體細節上有所差異，但成年之後才開始受訓的人其實不太會遭受絕對的限制。事實上，實際執行面的局限往往大過身體或心理上的限制，例如很少成年人一天擠得出四、五個小時進行刻意練習。

然而，某些領域若不從幼年開始接受訓練，絕不可能專精。了解這些限制有助於決定要發展哪些技能。

涉及身體能力的技能是最明顯的例子。一般人的體能約在二十歲到達顛峰，接下來隨著年齡漸長，會失去柔軟度，更容易受傷，需要的復元時間較長，身體等於慢了下來。運動員的表現多在二十幾歲到達顛峰，而拜現今訓練方式進步所賜，職業運動員可能到了三十、甚至四十出頭還能維持競爭力。事實上，現代人甚至年逾八十再接受訓練都有用。**技能隨著年齡漸長而退步，多是因爲訓練減少或中止**，持續定期接受訓練的年長者比較沒有退步的情形。有些田徑賽的年齡分組也包含八十歲或以上的長青組，參加該組競賽的人訓練的方式和年輕幾十歲的人毫無差異，只不過會考量年長者受傷機率較高、復元時間較長，而減低每回訓練的時間和強度。越來越多銀髮族因爲意識到年齡不再像過去一樣是個限制，訓練起來更加賣力，例如現今年逾六十的馬拉松選手中，就有四分之一的人表現可能優於超過一半的二十至五十四歲參賽者。

唐．培爾曼是這類長青競賽參賽者中數一數二老的，二〇一五年以一百歲的高齡在一百公尺短跑比賽中寫下二十七秒內完賽的新紀錄。此外，他於同一場賽事中也在跳高、跳遠、鐵餅和鉛球等項目破了該組紀錄。培爾曼的年齡組中有好幾位運動員參賽，年紀從一百歲到一百零四歲，而這場賽事包含一般田徑賽中的大部分項目，馬拉松是其中一項（這個年齡組的馬拉松世界紀錄是八小時二十五分十七秒，由英國的百歲人瑞福賈．辛格寫下）。這些運動員跑出的時間可能長一點，跳出的距離也許短一些，跳高橫桿可能擺得低一點，不過他們還是繼續向前。

年紀越大，除了體能變差之外，有些身體技能若不從幼年開始培養，絕對無法達到專家等級。人的身體會一直成長發展到青少年晚期或二十出頭，不過一旦到了二十歲左右，骨骼結構幾乎定型，也會影響某些能力的發展。

舉例來說，芭蕾舞者若想練好「外開」動作——也就是整條腿完全指向側邊，從臀部開始旋轉——必須趁早訓練，如果等到臀部和膝蓋的關節鈣化，大概就無法做出完整的旋轉動作，而鈣化多發生在八到十二歲之間。同樣的道理也適用於運動員的肩膀，例如棒球投手必須以手舉過頭的動作投球，唯有幼年接受訓練才可能在長大後擁有所需的動作範圍，投球的手臂可以伸到肩膀正後方，做出揮臂式投球。網球選手的發球動作也一樣，唯有年幼就開始受訓，手臂才能全幅度活動。

很小的時候就開始接受訓練的職業網球選手，握球拍的前臂也有過度發展的情形，不只肌肉，連骨骼也是。網球選手握拍的那隻手臂，可能比另一隻手臂粗壯了百分之二十，這樣顯著的差異使得慣用手的手臂骨骼能承受擊球帶來的陣陣衝擊（球速有時可能達到一小時五十英里）。不過，就算二十幾歲才開始學網球，身體多少還是能適應，只不過幅度不及年幼開始的人；換句話說，人的骨骼就算過了青春期，還是可以因應壓力而改變。

檢視年齡和身體適應壓力或其他刺激的能力之間的關係，會一再看見這個模式。身體和大腦在童年和青少年時期都比成年後更具適應性，不過在人的一生中，這兩者大多保有某種程度的適應力。年齡和適應力之間的關係會隨著你想發展的特質變化，而心智上的適應和身體上的適應，模式也截然不同。

來看看音樂訓練對大腦的影響。研究顯示，音樂家的大腦有些部位比非音樂家大，但其中某些部位的差異只顯現在自幼開始學習的音樂家身上。例如，有研究就從連結左右腦、擔任兩者之間溝通管道的胼胝體找到證明。成年音樂家的胼胝體明顯大於非音樂家的成人，但進一步檢視便會發現，這僅限於七歲前開始學習音樂者。這些研究結果在一九九〇年代發表之後，研究人員又發現音樂家腦中有其他一些區域大過非音樂家，但這個現象只出現在某個年齡前就開始接受音樂訓練的人身上，而這些區域中，有許多都和肌肉控制有關，例如感覺運動皮質區。

另一方面，某些涉及動作控制的腦部區域（如小腦），音樂家的會比非音樂家大，但在較早和較晚開始訓練的音樂家之間卻顯現不出大小差異。雖然我們不清楚小腦內部的運作，但可以推測即使童年之後才開始接受音樂訓練，對小腦的影響依然顯著。

成人大腦的學習方式是個相當新卻令人興奮的研究領域，也顛覆了「一旦成年，大腦就定型」的傳統觀念。目前可知的是，**就算年齡漸長，一定還是可以學會新技能**，但年紀越大，學習技能的具體方式也會有所改變。大腦在剛進入青春期時灰質量最大——灰質這種組織含有神經元、連結神經元的神經纖維，以及神經元的支援細胞——之後大腦中的灰質便逐漸減少。而突觸（神經細胞之間的接點）在生命早期達到最大量，兩歲孩子的突觸可能比成人多出百分之五十。具體細節在此並不是那麼重要，重點是大腦在人二十歲以前會不斷發展、變化，所以學習的背景條件也不斷在改變。難怪就算學習的技能相同，六歲大腦和十四歲大腦學習的方式不會一樣，和成人大腦相較又有所差異。

來看看大腦學習多種語言時會發生什麼事。會說兩種以上語言的人，大腦某些區域（尤其是影響語言發展的頂下葉）灰質較多，且越早學習第二語言，灰質越多。所以，越早學語言，至少會部分影響腦中灰質的增加。

但是，一項針對成年後學習多種語言以成爲同步口譯員的人進行的研究，卻發現了截然不同的現象：這些同步口譯員腦中的灰質，少於同樣會說多種語言但不以口譯爲業的人。研究人員推測，這樣的差異源自學習語言時的背景不同。兒童和青少年學習新語言時，腦中的灰質正在增加，所以他們學習新語言可能是受益於灰質的增加。不過，成人學習多種語言時若著重在同步口譯，大腦當時便會修剪突觸。因此，成年期的語言學習更多是透過排除灰質而發生，亦即去除一些低效率的神經細胞，以加快學習過程，這解釋了同步口譯員腦中的灰質爲何比其他有多語能力的成年人少。

關於在不同年齡學習時大腦有何不同的變化，目前未知多於已知，但就本書的目的而言，我們可以從中汲取兩個重點：第一，成人的大腦雖然在某些方面不如兒童或青少年那樣有適應力，還是有足夠能力學習和改變；第二，由於成年大腦的適應力不同於年輕大腦，成人運用的學習機制也有所不同，但成年人只要夠努力，大腦一定會找到出路。

成年人培養得出完美音感嗎？

本書一開始以完美音感作爲大腦適應力的例子，在此也可以用來說明成人的大腦如何找到出路。之前提到，過了某個年紀要培養出完美音感，就算並非不可能，也是很難。如果六歲前接受適當訓練，培養出完美音感的機率較高，到了十二歲恐怕就辦不到了。這至少是一般看法，不過這裡有個意外轉折可供我們學習。

一九六九年，有位名叫保羅．布萊迪的研究人員決定展開一項異想天開的計畫。當時三十二歲的他從小到大，音樂都是生活的一部分，七歲開始學琴，十二歲開始加入合唱團，甚至會為自己的大鍵琴調音，卻一直和完美音感無緣，無法分辨鋼琴或大鍵琴彈出來的是哪個音。因為布萊迪已經成年，當時所有完美音感相關知識都指出他已錯失良機，無論如何努力，都絕不可能培養出完美音感。

不過，布萊迪可不是人云亦云那一型。他二十一歲時便決定嘗試教自己辨音，連續兩週用鋼琴彈著A音，試著記住這個音聽起來是什麼樣子，卻毫無效果。過了一陣子，他又無法分辨A音和B、C或升G有何不同了。幾年後，他用類似的方法再試一次，同樣徒勞無功。

三十二歲時，布萊迪決定再試試看。這一次他發誓不成功不罷休，於是嘗試了所有想得到的辦法：花數小時在腦中想著音符、彈奏樂曲，希望能聽出每個音之間的差異，卻毫不管用；試著以不同調性彈奏鋼琴曲，希望可以學會分辨不同調性之間有何差別，也完全不奏效。努力了三個月後，他在培養完美音感上毫無進展。

有一天，布萊迪讀到一篇報告，描述某種訓練技巧幫助原本不具完美音感的音樂家學會分辨單一音符。他忽然有了靈感，架設了一部電腦以隨機產生純音來練習（純音指的是單一頻率的聲音，不像鋼琴發出的音除了主頻率之外，還含有其他頻率）。一開始，他讓隨機產生的純音有很大比例是C音，推想自己若能辨認出來，就能以C音爲基準，透過其他的音與C音之間的關係，將它們分辨出來。日子一天天過去，他認出C音的能力逐漸增強，便調整電腦，讓C音越來越少出現，直到十二個音出現的頻率相同爲止。

布萊迪每天花半小時利用純音訓練自己，兩個月後，他可以毫無差錯地分辨出電腦播出的十二個音。接著，爲了測試自己是否已經訓練出完美音感，他設計了一項以鋼琴進行的測驗，請妻子每天隨意用鋼琴彈出一個音，讓他試著辨認。如此進行了近兩個月，整整五十七天後，布萊迪檢視成績，發現自己正確認出三十七個音，然後有十八個音只差了半音，例如將B認成降B，另外還有兩個差了一個全音，雖不盡完美，但也相差不遠了。而且，完美音感的技術定義其實容許一定比例的答案差半音，許多被研究人員認爲有完美音感的人，也會犯類似的錯誤。所以，無論從完美音感的字面定義或實際定義來看，布萊迪在兩個月的正確練習之後，成功爲自己訓練出完美音感。

布萊迪寫了篇文章記錄自己的成果，但在之後的幾十年卻未受到注意，原因大概是這項實驗的受試者只有他一人。所以，學界持續認爲缺乏具說服力的證據可以說明成人也能培養出完美音感。

一九八〇年代中期，俄亥俄州立大學的研究生馬克．艾倫．萊許決定以縝密設計的研究方式，測試能否幫助一群成年人發展出完美音感。他決定採用大衛．盧卡斯．柏吉設計的系統，柏格聲稱這套訓練課程能讓任何人培養出完美音感。這套課程賦予各個音符不同的「色彩」，要求學生在聆聽一個音時不要聚焦於音量或音色，而是要注意它的色彩。萊許召集了五十二名主修音樂的大學部學生，一半的人以柏吉的訓練方式努力培養完美音感，另一半的人什麼都沒做。而在為期九個月的研究之前和之後，萊許分別測試了所有人的辨音能力（這九個月中，有一半的受試者以柏吉的方法進行訓練）。

萊許的研究結果雖然無法證明柏吉的方法絕對有效，在改善辨音能力的可能性上卻提供了令人振奮的證據。九個月的研究接近尾聲時，對照組的表現與之前幾乎毫無兩樣，這不令人意外，但另一組大學生中卻有好幾位在辨音能力上有所進步。測驗包含一百二十個音，萊許會記錄受試者答對了多少，若是答錯，誤差有多大。

進步最多的一名學生一開始音感就比較好，第一回測驗就答對約六十個，第二回也說對了超過一百個音，雖然已經可說是擁有完美音感，不過在訓練之前，那個學生本來就表現亮眼。第一回測驗時有三名學生表現相對較差，第二回卻大有進步，答對的音是之前的兩、三倍，犯的明顯錯誤也少了許多。實驗組其餘學生則僅有些微進步或原地不動，儘管如此，我們還是能從進步模式中得知，**的確有可能改善成人的辨音能力，或至少部分成人做得到；如果訓練持續進行，或者採用效果較佳的方法，許多受試者都可能發展出完美音感。**

這種看法和傳統觀念有天壤之別，後者相信完美音感就像個是非題——若不在孩童時期建立起來，就永遠無法成功培養出來。雖然可能得耗費大量心力，有些成人可能也永遠訓練不出來，但現在我們知道，至少有些成年人是可以培養出完美音感的。

第四階段：開闢新路

一九九七年，一位名叫奈吉．李察茲的紐西蘭人進入紐西蘭全國拼字比賽的冠軍賽，並出人意料地贏得第一；兩年後，他進入在澳洲墨爾本舉辦的世界拼字比賽冠軍賽，又贏了。接下來，李察茲繼續稱霸拼字競賽，贏得三次世界冠軍、五次全美冠軍、六次英國公開賽，以及十二次泰皇盃冠軍（這是全球最大的拼字比賽），在拼字遊戲史上創下前所未有的紀錄。不過最驚人的，是根本不會說法語的他甚至贏得二〇一五年的法文拼字比賽冠軍——他只花了九週記憶法文拼字遊戲辭典中的字，就去參加比賽了。

在拼字比賽的世界裡，從來沒有人像李察茲那樣造成轟動，但這在其他領域可不少見，許多名字大家都耳熟能詳——貝多芬、梵谷、牛頓、愛因斯坦、達爾文、麥可．喬丹、老虎．伍茲，這些人的貢獻讓他們所處領域從此改變，引領後人走上他們開闢的新路，而這正是專家級表現的第四階段：**超越自身領域的既有知識，做出有創意的獨特貢獻**。這也是四個階段中最少人了解，卻最有意思的。

這些革新者在開闢出新局面之前，幾乎毫無例外都下了苦功成爲自身領域的頂尖專家，這點想來也合理：畢竟，如果無法融會貫通前人的成就並重現，又怎麼能提出有價值的新科學理論，或是有用的小提琴新技巧呢？

有些領域雖然看似不講求以前人成就爲基礎來創新，但也適用同樣的道理。以畢卡索爲例，若只知道他比較後期的知名作品，也許會合理推論畢卡索創作那些作品時絲毫未受前人影響，因爲畫風與當時的傳統風格迥異。但事實上，畢卡索一開始的畫風接近古典風格，而且技巧高超，慢慢才嘗試其他不同的繪畫風格，進而融合改良出個人畫風。但在此之前，他的確長期下足苦功培養繪畫技能，專精於前人的技巧。

不過，這樣的創造力究竟從何而來？如果刻意練習必須奠基於前人所知，培養前人已發展出來的技巧，那麼創造力是否位於比刻意練習更高的層次？

我不這麼認爲。以許多創意天才爲對象進行研究之後，我可以清楚看出頂尖專家正是以當初邁向極限的類似方式，打破了自身領域的極限，進而創造出新事物。

想想看，這些專家都是自身專業中的佼佼者——最優秀的數學家、世界頂尖的西洋棋特級大師、贏得重要巡迴賽的高爾夫球選手、巡迴國際演出的小提琴家——不可能只靠模仿老師就達到顛峰，這個階段的他們早就超越了自己的老師。老師傳授給他們最寶貴的東西，就是**自我精進的能力**。老師爲他們設計的訓練，有一部分幫助發展出可用來監控自我表現的心智表徵，可以找出尙待加強之處，並想出辦法改善。他們正是在不斷增強的心智表徵引導之下，邁向頂尖。

這個過程就像一步步打造樓梯，盡可能向上爬，到達樓梯最高處時再多建造一階，往上爬一階，再造一階，如此不停向上。一旦到達自身領域的邊緣，也許未必清楚接下來要往哪裡走，但既然大半輩子都在建造樓梯，想必也很熟悉該如何繼續向上。

針對科學、藝術、音樂、運動等任何領域裡的創意天才如何創新，研究人員發現，整個過程往往漫長、緩慢且反反覆覆。有時候，這些開路者知道自己的目標，但不知道如何達成，就像畫家希望創造出觀者眼中的某種效果，因此會嘗試多種做法以找出一個管用的；有時候，他們不知道自己究竟在往哪裡走，卻找出了需要解決的問題或必須改善的狀況——正如數學家爲令人費解的定理努力——然後在前人找到的答案引導之下，去嘗試不同的方法。這其中沒有大躍進，外人之所以覺得進步神速，是因爲不了解這是由無數小步組成的。就連所謂的「頓悟」時刻，也必須先有大量努力堆砌出高塔，才可能發現使傑作完美的最後一塊磚頭。

此外，以衆多領域（尤其是科學界）最成功的創意人士爲對象進行的研究發現，**創造力其實和下苦功及長時間維持專注的能力相輔相成，這些正是一開始造就他們專家級能力的刻意練習的要素**。比方說，以諾貝爾獎得主爲對象進行的一項研究顯示，這些得主往往比大多數同儕更早開始發表學術文章，研究生涯中發表的文章也遠多於同行；換句話說，就是比其他人更努力。

創造力永遠有其難解的奧祕，因爲從定義上來看，這種能力是要製造出前所未見或從未被體驗過的事物。不過我們確實知道，造就專家級能力所需的專注和努力，也可見於突破極限的先驅身上。

一位研究奈吉·李察茲拼字能力的心理學家把這種現象稱爲「奈吉效應」。李察茲在拼字比賽中的表現，以及在各個巡迴賽中的驚人成就，都讓其他拼字比賽參賽者看見可能達成的目標——他參加的所有競賽大約有百分之七十五都拿下冠軍，對任何經常與世界頂尖高手對決的人而言，這樣的表現實屬非凡。在李察茲橫掃全球之前，沒人想過竟然可能有這般亮眼的成績，因此激勵了其他拼字比賽參賽者設法提升自身技能。

沒有人知道李察茲有何祕訣——大家都知道他沒興趣討論自己的訓練技巧或策略——可以確定的一點是，他比任何對手認得更多字。其他拼字比賽參賽者正努力藉由記憶大量單字，或是運用其他能降低李察茲優勢的策略，希望迎頭趕上。目前爲止，李察茲依然維持領先，但慢慢地，其他人必定會想出效果相當、甚至更管用的技巧，到時這個領域又將邁向新局面。

自古以來這就是常態，具有創造力、不願原地踏步、充滿動力的人對現況不滿，因而設法求進步、求創新。一旦先驅證明事情可以有不同的做法，其他人便能學習那個技巧，一同向前。就算開路者像李察茲一樣不願分享祕訣，光是知道某件事其實可行，便足以激勵其他人一探究竟。

唯有努力開拓已知和可能性的人才可能進步，不就此努力付出，便無法向前。簡而言之，在大多數領域中，尤其是發展成熟的領域，我們必須仰賴專家前進。幸好，這是他們的強項。

第8章

如何解釋「天賦」這回事？

研究天才的故事是我的嗜好，而我可以很有自信地說，我從未見過有人不經過長期的密集練習就發展出超凡能力。看似不可思議的能力，從刻意練習的角度分析馬上變得合乎常理。

每當我提到或在文章中寫到刻意練習和專門技能時，總會有人問：「那所謂的天賦呢？」

我在文章或演講中總會傳遞以下這個簡單的基本訊息：頂尖專家透過多年的努力練習發展出超凡能力，在漫長辛苦的過程中一步步改進，沒有捷徑。很多種練習都可能奏效，但刻意練習的效果最好，能運用大腦和身體天生的適應力**創造出新能力**。這些能力大多數是在精細心智表徵的幫助下發展出來的，有了心智表徵，我們才能更有效率地分析並回應不同情境。

有些人可能會說：「好啦，了解。但就算如此，還不是有些人不必那麼努力，表現一樣比其他人傑出？也有人不具備音樂、數學或運動等天賦，所以再怎樣拚命也不可能擅長這些事，不是嗎？」

人就是有這種根深柢固的觀念，認爲天賦在能力高低方面有重大影響。這種觀點相信，有些人因爲與生俱來的才能，所以比較容易成爲優秀的運動員、音樂家、棋士、作家或數學家等。雖然要發展出技能還是要有一定量的練習，但他們所需的練習量比其他不具天分的人少多了，而且最後的成就一定更了不起。

帕格尼尼的魔力從何而來？

尼可羅．帕格尼尼是他那個時代最偉大的小提琴家，然而他的故事就算傳頌多年，至今聽起來依然不可思議。有些人聽過的故事可能發生在高朋滿座的音樂廳，也或許是帕格尼尼應某位紳士要求在戶外爲女士獻上小夜曲，不過基本情節都差不多。

帕格尼尼拉奏著美妙的樂曲接近尾聲，數百名的聽眾，或者可能是某一位格外幸運的女士，如痴如醉地聆聽著。這時，小提琴的四根弦中竟然有一根突然斷了。當時距離現代兩世紀，琴弦是以羊腸製成，因此較容易斷，帕格尼尼將演奏帶入樂曲高潮時，琴弦終究不堪負荷。聽眾大吃一驚，捨不得樂曲突然中止，不過還好，帕格尼尼仍繼續演奏，而且三根弦演奏出來的優美程度並不輸給四根弦。接著，另一根弦也斷了，他依然沒有停止，聽眾鬆一口氣的同時卻也感到不可思議。怎麼可能單憑兩根弦就奏出如此美妙的旋律？帕格尼尼用來演奏的那隻手所展現的靈活和彈性遠遠超過聽眾對音樂家能力極限的認識，同時也絲毫未影響音色。他利用兩根弦奏出的樂曲，更勝過其他小提琴家用四根弦演奏的表現。

然後……沒錯，又斷了一根弦。帕格尼尼卻毫不受影響地用僅剩的一根弦將樂曲演奏完畢，手指動作快到如渾然天成，讓聽眾驚歎不已。

我大概在十歲時聽父親說了這個故事，當時想著帕格尼尼若眞如故事說的那麼厲害，一定是天生具備了不可思議的稀有才能，甚至是得天獨厚的專屬優勢。長大後研究了幾年刻意練習法，想起父親說的故事，決定仔細一探究竟，了解這種技能是否的確可能存在。

閱讀帕格尼尼的相關資料會發現的第一件事，就是他的確是開創新局的小提琴家，利用自己發展出來的新技巧，以前所未有的方式拉小提琴，同時擅長表演的他喜歡別出心裁地爲聽衆帶來驚喜。不過，我倒是因爲一篇早期的科學報告，眞正了解父親說的故事。這份報告重述了帕格尼尼親口分享的故事：

約兩百年前，帕格尼尼經常在義大利一個叫盧卡的城鎭演出，當時的法國皇帝拿破崙也常與家人在此待上好一段時間。一位經常出席帕格尼尼演奏會的女士抓住了他的目光，兩人逐漸深深爲對方所吸引，帕格尼尼決定爲她作曲，好在下一回的音樂會中演奏。這首曲子會叫作「愛的場景」，樂音將反映一對情侶的對話。帕格尼尼有了靈感，想移除小提琴中間的兩根弦，只靠最上方和最下方的弦演奏，分別以低音的G弦和高音的E弦代表男性和女性的聲音，並如此描述兩人之間的對話：「現在這兩根弦得爭吵，接著得嘆息；再來要低聲呢喃、輕吟、嬉戲、開心，然後狂喜。最後和好時，這對重新結合的情侶還要跳上一段雙人舞，讓樂曲完美地終止。」

帕格尼尼演奏了這首樂曲，贏得滿場喝采。演出之後，有人對他提出了不尋常的要求。一位拿破崙家族的女性成員問他能否作出只以一根弦演奏的曲子，因爲她對聲音很敏感，有時無法承受四根弦演奏的樂曲。帕格尼尼答應了，且因爲皇帝的生日即將到來，便將這首G弦樂曲命名爲「拿破崙」。這首曲子也備受聽衆喜愛，使得他開始對只用一根琴弦創作和演奏的挑戰感興趣。

擅長表演的帕格尼尼當然在曲目中加入單弦樂曲，卻不直接宣布，而是採用新的表演方式，演奏時特別用力，將琴弦一一拉斷到只剩G弦，才爲曲子畫下句點。創作時他會以此爲主軸，樂曲的絕大部分以四弦演奏，然後有一段用三根弦，一段用兩根弦，最後的段落則留給G弦。那時錄音技術尚未問世，聽衆之前不可能聽過這些曲子，因此對樂曲走向毫無頭緒，只覺得這些曲子有如天籟，當中還有一首樂曲，帕格尼尼是在斷了三根弦的情況下演奏完畢。

千萬別小看帕格尼尼以單弦創作和演奏的功夫，他可是小提琴大師，這種能力在他那個時代無人擁有。不過，單弦演奏不如當時的聽衆以爲的那般神奇，而是長時間專注練習的成果。

人們會相信天賦的一大原因，是天生奇才顯然存在——像帕格尼尼這種展現出無人能及的技巧，或是幾乎不需要訓練就能專精某事的人。如果這種天才確實存在，那麼至少有一些人是擁有與生俱來的能力，讓他們得以做到其他人做不到的事。

研究這些天才的故事正好是我的嗜好，而我可以很有自信地說，我從未見過有人不經過長期的密集練習就發展出超凡能力。我研究天才的方法，基本上和研究頂尖專家差不多，會提出兩個簡單的問題：這項能力的確切本質爲何？是由什麼樣的訓練造就出來的？在三十多年的研究中，我從未碰過一項能力是無法以這兩個問題的答案說明的。

知名的天才多到我難以一一分析，只能舉幾個人爲例，這也不是本書的目的。不過看看接下來的幾個例子便會了解，看似不可思議的能力，從刻意練習的角度分析馬上變得合乎常理。

破解莫札特傳奇

莫札特在出生的兩百五十多年後，依然是天才神祕難解的最佳例子。那樣年少就大有成就，除了天賦，似乎難有其他解釋。

從歷史文獻可知，莫札特在幼年時期就以大鍵琴、古鋼琴和小提琴的演奏技巧撼動全歐洲。才六歲時，父親就帶著他和姊姊巡迴歐洲表演數年，走遍慕尼黑、維也納、布拉格、曼海姆、巴黎、倫敦、蘇黎士和其他許多城市。莫札特家族三人爲當時的菁英階層演出，小莫札特坐在鋼琴椅上，雙腳騰空，手幾乎剛能摸到琴鍵，自然成了衆所矚目的焦點，提供歐洲觀衆前所未見的表演。

小小年紀就琴技高超這點無庸置疑，不過我們好奇的是，莫札特是如何練習的？是否因練習造就出這番能力？十八世紀的歐洲確實沒有人像莫札特這樣，小小年紀就能將小提琴和鍵盤樂器演奏得如行雲流水，不過，我們現在已經很習慣看見接受鈴木教學法訓練的五、六歲孩子美妙地演奏小提琴或鋼琴，莫札特的成就也沒那麼令人驚歎了。事實上，我們經常可以在網路影片中看到四歲的孩子流暢無比地演奏小提琴和鋼琴，卻不會立刻認爲這些孩子天生就有優越的音樂天賦，因爲這類「天才」多到你我都曉得，他們是在兩歲、甚至更早就開始密集練習，才發展出今天這樣的能力。

莫札特的時代當然沒有鈴木教學法，不過他的父親卻和現今每位鈴木教學派父母一樣，全心致力於打造出音樂奇才。此外，我在前言中提到，老莫札特不僅寫過幼童音樂教育相關書籍，並在莫札特的姊姊身上實驗，本身是音樂教師的他也很早就提倡讓孩子在年紀很小的時候便開始上課，莫札特應該不到四歲就開始接受訓練。而根據我們現在所知道的，若像莫札特這麼做，的確可能不憑藉特殊天賦就在小小年紀發展出如此的能力。

以上是莫札特能提早成爲音樂家的原因，但他爲人稱奇的另一項能力，在於年紀輕輕便會作曲，這以現今小提琴奇才的一般培養方式很難理解。許多傳記都提到，莫札特六歲時首次創作樂曲，八歲寫下第一首交響曲，十一歲完成第一齣清唱劇和多首鍵盤協奏曲，十二歲則創作了歌劇。

莫札特在這方面究竟有何才能？他到底做了些什麼？一旦回答了這個問題，我們將試著弄清楚他是怎麼做到的。

首先請注意，現今的音樂訓練和莫札特父親對他展開的訓練大不相同。現在的鈴木教學法教師著重音樂的某一面向，即演奏某項樂器的能力；老莫札特則不僅教導兒子多項樂器，還指導他聆聽、分析音樂，以及創作樂曲，因此老莫札特在兒子小小年紀便促使他發展作曲技巧。

不過，說莫札特在六歲、八歲便會作曲，幾乎算是誇大了，因為明明是所謂的莫札特早期作品，上面卻是他父親的筆跡。老莫札特宣稱自己只是稍加整理兒子的作品，但後人無法得知某首樂曲有多少是莫札特的心血，多少出自老莫札特之手，畢竟本身也寫曲的老莫札特在音樂演奏和創作上正因不得志而深感沮喪。今天許多小學生的父母也過度參與孩子的科展計畫，同樣的情況的確可能發生在莫札特的作曲上，尤其當時老莫札特已經完全放下自己的事業，視兒子成功與否為他個人成就的高低。

以莫札特十一歲「創作」的幾首鋼琴協奏曲來看，這種可能性更大。儘管這些樂曲多年來都被視為他的原創，音樂學家後來發現，這些其實都是奠基於他人所作、知名度極低的奏鳴曲。因此，最有可能是老莫札特要求兒子拿這些樂曲來練習創作，藉以熟悉鋼琴協奏曲的結構，其中幾乎沒有一首是莫札特的原創。此外，證據也顯示，就算是重寫他人的作品，莫札特的父親也幫了大忙。真正能確定是莫札特原創樂曲的，大概創作於他十五、六歲時——在父親指導下努力練習超過十年之後。

沒有可靠的證據顯示莫札特進入青少年期之前曾獨自創作出了不起的音樂作品，因此大可推測他沒有。等到他的確靠自己寫出複雜美妙的原創樂曲時，已經接受了十年左右的作曲訓練。簡單來說，莫札特成了卓越的音樂家和作曲家這點不容懷疑，但若說他是奇才，其成就無法以練習來解釋，必定是拜天賦所賜，不僅缺乏佐證，甚至還有不少反證。

同樣的情況也可在我研究過的每個小天才身上觀察到，比較近期的例子是馬里奧．拉繆，這位加拿大冰上曲棍球員常被評為史上數一數二的優秀選手。拉繆的故事很多，其中許多都出自他母親，說他小時候在冰上就如魚得水，一開始溜冰就像天生有這個本領一樣，使得其他溜冰多年且較年長的孩子相形失色。這些故事讓有些人宣稱拉繆就是帶著優越天賦出生的典型例子。

不過對拉繆的童年多些了解，便會發現情況其實和莫札特十分相似。第七章提過拉繆全家人都對冰上曲棍球非常著迷，他是第三個兒子，幾乎打從會走路開始，他的兩個哥哥就開始教他曲棍球和溜冰，三人也會一同在地下室拿著木湯匙打曲棍球，穿著襪子滑來滑去，後來父親還在後院蓋了溜冰場，供他們練習曲棍球。拉繆的父母非常鼓勵孩子練球，甚至會在家裡鋪「冰道」，外頭天色太暗時就能在家裡練習——先把一大堆雪鏟進屋內，將雪壓平於玄關、飯廳和客廳的地板上，同時敞開大門以確保室內溫度夠低，這樣三兄弟便能在家裡溜冰。簡而言之，拉繆的例子正如莫札特，說明了在別人開始注意到他的「天賦」之前，他花費了多少功夫練習。

跳高奇才的表現真是奇蹟？

近年來常被稱爲運動天才的最佳範例，大概就是跳高選手唐諾．湯瑪斯了。大衛．艾普斯坦在《運動基因》一書中提到這位選手的故事，引人入勝到廣爲流傳，以下爲各位簡介。

來自巴哈馬群島的唐諾．湯瑪斯原本就讀於密蘇里州的林登沃德大學，是籃球校隊二軍成員。某天和一位田徑校隊跳高選手的朋友打籃球時，湯瑪斯秀了幾手漂亮的灌籃。之後兩人在學校餐廳說笑鬥嘴，他的朋友說了這樣的話：「沒錯，你是會灌籃，但我打賭你跳高一定沒辦法跳過六呎六。」（這個約兩公尺的高度以大學程度來看算很不錯，不過頂尖的大學跳高選手常常可以跳出七英尺的成績。）湯瑪斯決定接下戰帖。

兩人來到學校的田徑館，朋友將跳高橫桿調到六呎六的高度，身著籃球褲和籃球鞋的湯瑪斯輕鬆過關；接著，朋友將橫桿調高到六呎八，湯瑪斯也跳過了；調到七呎高，湯瑪斯又挑戰成功。之後，朋友就拉著他去見學校的田徑教練，教練答應讓湯瑪斯加入田徑隊，參加兩天後的比賽。

比賽時，湯瑪斯沒有穿著田徑鞋，依然腳踏籃球鞋，就這樣以二．二二公尺，大約七英尺三點四英寸的成績贏得比賽，破了地主學校東伊利諾大學的紀錄。兩個月後，湯瑪斯代表巴哈馬到澳洲墨爾本參加大英國協運動會，以二．二三公尺的成績排名第四。之後，他轉學到奧本大學並加入田徑隊。跳高才能被發掘的一年後，湯瑪斯就在舉行於日本大阪的世界田徑錦標賽中拿下第一，成績是二．三五公尺，將近七英尺八點六英寸。

艾普斯坦在書中甚至將湯瑪斯的成就和瑞典的史蒂芬．霍姆相提並論，後者可是從孩童時期便開始接受嚴格的訓練，練習時數超過兩萬小時。然而，二〇〇七年的世界田徑錦標賽中，據艾普斯坦估計只練習幾百個小時的湯瑪斯卻擊敗了霍姆。

這樣的故事確實有令人著迷之處，本來默默無名的小子就這麼躍升為某種天生奇才。當時「一萬小時法則」已經廣爲人知，所以他的故事甚至被用來「證明」這個法則有誤。湯瑪斯這樣的人告訴大家，只要基因對，眞的有可能不必經過那麼多的練習就成爲世界頂尖。

這種心態可以理解。大家都想要相信人生的確有奇蹟，並非事事都必須遵循眞實世界一成不變的沉悶法則運作。所以，有什麼比生來就具備不須努力或訓練便能培養出來的驚人能力更神奇？漫畫產業可說是奠基於此——某天發生了一件神奇的事，接著你突然有了超能力，只是不知道自己其實誕生於氪星，而且還能飛；或者，你被一隻放射性蜘蛛咬了之後，就開始可以飛簷走壁；或者，你接觸到宇宙輻射，因而有了隱形能力。

不過，我在「專長發展」這個領域研究幾十年的結果讓我相信，奇蹟並不存在。在分析某人的非凡能力時，如果透過先前提到的兩個問題來檢視——這項能力的確切本質爲何？是由什麼樣的訓練造就出來的？——便能揭開神祕面紗，了解眞相。

以湯瑪斯爲例，除了他自己分享過的有限資訊，外界對他的背景幾乎毫無所知，因此難以追溯他可能接受過的訓練，但我們還是知道幾件事。第一，湯瑪斯自己在接受採訪時提過，他高中時期至少參加過一場校內跳高比賽，成績「好像是六呎二或六呎四，沒什麼特別的」。由此可知，他曾經參加跳高比賽，如果當時有加入高中校隊，必定受過一些訓練。湯瑪斯說自己的跳高成績「沒什麼特別的」，其實有些謙虛，雖然以高中生而言六呎四的表現並不驚人，但也很不錯了。

當然，湯瑪斯高中時也可能從未接受任何訓練，沒有練習過，就這麼出去比賽，然後跳出六呎四，如同大學時沒有練習就跳過七呎一樣。但這種假設有個問題，因爲湯瑪斯參加第一場大學比賽時的照片顯示了他跳高的方式，從未受過跳高訓練的人不可能展現這種技巧。當時他採用的是背越式跳法，這種跳法與人的本能背道而馳：先以曲線跑向跳高橫桿，跑到橫桿正前方時剛好背對，往上一跳越過橫桿時弓起背部，最後將腳舉高，以防踢掉橫桿。而且，光是雙腳彈跳力十足是不夠的，還得技巧到位才行，沒有長期練習絕對不可能成功執行背越式跳法。所以，雖然我們不清楚湯瑪斯在林登沃德的田徑館小試身手前的訓練背景，卻能確定他至少花了些時間學會背越式技巧，才能有「好像是六呎二或六呎四」的表現。

我們知道的第二件事，是湯瑪斯在灌籃時會展現驚人的跳躍能力。在一些影片中可見，他從距離籃框十五英尺的罰球線就起跳，躍過幾個球員抵達籃框。湯瑪斯投入多少心力練習灌籃，我們同樣沒有相關資訊，但他必定相當努力才鍛鍊出雙腿的彈跳力。既然他對灌籃引以爲傲，想當然也下了不少功夫，雖然只是推測，不過可想而知，湯瑪斯必定爲了灌籃努力練習跳躍能力，而灌籃所需的跳躍技巧和跳高十分相似，都要先向前幾步，再以單腳向上跳。湯瑪斯訓練灌籃能力時，也在練習跳高。二〇一一年的一項研究顯示，技巧高超的跳高選手單腳跳躍的能力，和跳高時跳出的高度密切相關。

值得注意的第三件事，是湯瑪斯身高一百八十九公分，雖然以跳高而言不算完美，但也稱得上合適了。我之前提過，目前能確認會影響運動表現的兩項先天因素，是身高和體型。湯瑪斯在二〇〇七年世界田徑錦標賽擊敗的瑞典跳高選手史蒂芬・霍姆只有一百八十公分高，以跳高選手而言個子很小，因此必須格外努力訓練，才能彌補身高的缺陷，而湯瑪斯天生的體型就適合跳高。

綜合以上各點，湯瑪斯的亮眼表現似乎不再那麼神奇，的確令人驚歎，但並非奇蹟。我們幾乎可以確定湯瑪斯之前曾接受跳高訓練，至少足以展現漂亮的背越式跳法，另外他也透過灌籃練習建立單腳跳躍的能力——這對跳高而言是個特殊的訓練方法，但至少在湯瑪斯身上發揮了效用。

我們還有另一項證據。到了二〇一五年，湯瑪斯已經參加跳高比賽長達九年，一直接受優秀教練的指導，這些教練各個都知道如何讓運動員有最好的表現。二〇〇六年的他如果眞是一張白紙，開始接受嚴格訓練後應該有些驚人的進步。事實上，湯瑪斯跳高能力被發掘後的第一年，大家都預測他能憑藉天賦不斷進步到打破世界紀錄，也就是二・四五公尺。不過，他還差得遠，目前的最佳表現是二〇〇七年世界田徑錦標賽的二・三五公尺。之後雖然有幾次接近的表現，卻都還差一點。二〇一四年的大英國協運動會，他跳出二．二一公尺的成績，比自己在二〇〇六年大英國協運動會中的表現遜色（他就是那時跳出知名度的）。在此可以歸納出一個明顯的結論：二〇〇六年的大學生湯瑪斯首次參加比賽時，已經接受過大量訓練，包括跳高和爲灌籃練習的跳躍，因此後來才難以透過進一步訓練有驚人進展。若他從未受過訓練，應該會進步更多才是。

揭開自閉學者驚人能力的神祕面紗

除了莫札特或唐諾．湯瑪斯這種顯而易見的奇才，還有另一群人也常常被認爲展現出魔法般的非凡能力——有學者症候群的人。這些「學者」通常在很特定的領域表現傑出，有些會演奏樂器，且能牢記數千首不同的樂曲，有時甚至只聽過一次便能演奏出來；有些能以繪畫、雕刻等藝術形式創造精細無比的作品；有些則是計算能力了得，可以心算出兩個多位數相乘的結果；有些擁有日期推算能力，例如可以說出西元二五七七年的十月十二日會是星期幾（答案是星期日）。這些能力之所以格外引人注意，是因爲這些學者通常都有某方面的心智障礙，有些在智力測驗表現極差，有些則嚴重自閉到幾乎無法與他人互動。這些人在社會上生活困難，卻能展現各種驚人的能力，使得學者症候群十分引人好奇，也因此讓人相信這些能力必定是未經一般訓練就產生的。

要了解他們的能力，最好的方法同樣是先釐清這些能力究竟是什麼，再看看哪些練習可以造就這樣的能力。以這個方法進行的研究顯示，這些學者並非天賦異稟，而是和所有人一樣，靠努力得來的。

倫敦國王學院的研究人員法蘭西斯卡・哈裴與培德洛・維塔，比較了兩組自閉症兒童：一組展現出學者般的傑出能力，另一組則沒有。結果發現，學者型自閉症兒童比起另一組「非學者」更注重細節，而且往往會有重複行爲，一旦注意力被某事物吸引，便會忘記周遭的一切，專注投入，躲進自己的世界。這類型自閉症患者較可能執著地練習一首樂曲或記憶一連串電話號碼，像投入有目標的練習或刻意練習的人那樣發展出這些領域的技能。

唐尼就是個絕佳的例子。這名「自閉學者」的日期推算能力是世上最快、最準確的，一聽到某個日期就能說出那天是星期幾，而且準確度近乎完美。荷蘭葛洛寧恩大學的馬可・提奧克斯研究唐尼好幾年，對自閉學者的心智提供了前所未有的寶貴資訊。

提奧克斯說，唐尼對日期上癮，和人碰面的第一件事就是問對方的生日。他不斷在思考日期，並且反覆對自己說著各種日期。他記下了所有十四種可能出現的年曆，也就是說有七種正常年度的日曆（其中每一年的一月一日分別是星期日、一、二、三、四、五、六），以及相對應的閏年日曆，另外也想出一些方法，可以很快計算出任一年份適用於那十四種年曆的哪一種。被問到某個日期是星期幾時，唐尼會先從「年」著手，以找出要運用十四種年曆的哪一種，然後參考心中那份日曆，確定該日期是星期幾。簡單來說，唐尼擁有的高度發展的能力，其實是多年來執著研究的成果，並非源自某種神奇天賦。

一九六〇年代末期，心理學家巴奈特．艾狄斯決定展開一項實驗，看看他能否訓練正常智商的人發展出自閉學者的日期推算能力。在那之前，他長期研究一對雙胞胎如何神速地推算日期。這對雙胞胎的智商都在六十至七十之間，平均能在六秒內答出遠至西元一三二四七〇年的某個日期會是星期幾。艾狄斯發現，他們用的方法似乎是先在一六〇〇和二〇〇〇年之間找出相等的年份，然後以幾個相應的數字進行計算。理解之後，艾狄斯運用這個方法訓練一名研究生，看看是否管用。這名研究生才練習十六回合，就能和雙胞胎一樣迅速算出答案。最有意思的是，因爲每次需要的計算量不同，這名研究生花了不同的時間量來算出是星期幾，而他的反應時間模式，和雙胞胎中表現較好的那位一致，艾狄斯因此認爲，這兩個人是透過類似的認知過程得到答案的。

這裡的重點在於，唐尼或其他任何自閉學者的日期推算能力顯然一點都不神奇。唐尼花了多年時間計算、思考日期，最終掌握了十四種不同的年曆，熟悉程度如同你我熟記自己的電話號碼一樣。而且，他還發展出自己的技巧（雖然研究人員尚未完全了解），用來判斷哪一年要用哪一種年曆。任何動力十足的大學生都能在心理學實驗中有同樣的表現。

雖然目前還不太清楚其他自閉學者是怎麼做，以及如何發展出自己的獨特技能（因為他們通常不容易和別人溝通，或者難以針對自己採用的方法回答問題），不過我在一九八八年的一篇評論文章中提到，針對自閉學者能力的研究顯示，這些主要是後天習得的技能，意味著他們發展出這些能力的方式非常類似其他專家，也就是透過練習掌控大腦的適應力，進而改變大腦，以幫助他們培養出非凡能力。最近一些針對自閉學者大腦的研究，也都與這個觀點一致。

所謂「缺乏天分」

其實還有更多關於奇才和自閉學者的分析，不過我的結論都相同，重點就是只要仔細研究每個案例，便會發現**非凡能力都是大量練習和訓練的結果，奇才或自閉學者無法證明特殊天賦的存在**。

光譜的一端若是奇才，那麼另一端呢？是否有人天生就是沒有任一方面的才能？從個人層面來看，這個問題很難回答，因為想弄清楚為什麼某人無法成就某事並不容易。

是不夠努力、欠缺適當的指導，還是缺乏「天分」？雖然不容易釐清，但可以從下面的例子來思考。

約六分之一的美國成年人認爲自己歌喉不好，毫無音準可言，怎麼抓都抓不到，而且往往對此感到不滿。音樂老師和進行相關研究的人大概都會表示，這些歌喉不好的人多希望能有所改變，至少可以在唱生日快樂歌時不嚇壞別人，有些甚至夢想著可以在KTV唱出經典名曲，博得滿堂采。

不過，在他們人生的某個階段，有人讓他們相信自己不會唱歌。調查顯示，這樣的評論通常來自父母、兄姊、音樂老師，或是他們欽佩的同儕等權威人士，且往往發生在具有決定性又令人難受的時刻，以致長大後回想起來還恍如昨日。他們大多被說是「音痴」，因而相信自己天生不會唱歌，於是放棄。

「音痴」一詞其實定義明確：無法分辨不同的音，例如聽到鋼琴先後彈出C音及D音，音痴沒辦法聽出差異。而如果無法分辨不同的音，自然不可能哼出一連串音符構成的曲調。這就像是無法分辨紅、黃、藍色，卻想畫出夕陽。

有些人的確天生就是音痴，這在醫學上叫作「先天失音症」，不過這種狀況極度罕見，罕見到某重要科學期刊還曾經報導一名女性被診斷出此症。她的腦部沒有明顯的創傷或缺陷，聽力和智力也正常，但就是無法分辨自己聽過的一段簡單旋律和一段從沒聽過的新旋律有何不同。此外，她也無法分辨不同的音樂節奏。無論怎麼拚命嘗試，她就是沒辦法哼出正確的曲調。

但多數人並沒有這種狀況，相信自己不會唱歌的人必須克服的主要障礙，就是這個信念本身。許多研究都以此爲主題，結果沒有證據顯示有許多人天生沒有唱歌的才能。事實上，有些文化注重歌唱，人人都得學唱歌，也都能唱。而在我們的文化中，大部分歌喉不好的人之所以無法唱歌，只是因爲他們**從未運用可以培養歌唱能力的正確方式練習**。

同樣的情形是否也可能發生在學習數學上？大概沒有其他科目像數學一樣有這麼多人說自己不擅長，許多學生高中畢業後就認爲自己天生的數學程度只夠進行加減，大不了多個乘法，這種現象在美國尤其常見。但是，幾項計畫成功證明只要教學方法得當，幾乎每個孩子都能學會數學。

這些計畫中，最有意思的是加拿大數學家約翰·麥頓發展出來的「跳躍數學」課程，其中運用了和刻意練習相同的基本原則：將學習目標分解爲一連串具體技能，並設計練習活動以正確的順序教導每一項技能，然後運用意見回饋監控進展。採用該課程的教師表示，這個方法讓他們得以教導每一位學生相關的數學技能，沒有學生會落後。跳躍數學在加拿大的安大略省以隨機對照試驗的方式被評估，共有二十九位教師和三百位左右的五年級學生參與，而五個月後的標準化測驗結果顯示，參與跳躍數學課程的學生在數學概念理解上的進步幅度，是其他人的兩倍多。

可惜，這項試驗的結果尚未發表在同儕評閱科學期刊中，所以很難客觀判斷，而同樣的結果也得在其他校區重現才代表絕對可靠。不過，其結果和我對許多領域的整體觀察一致（這些領域不只是歌唱和數學，還有寫作、繪畫、網球、高爾夫球、園藝，以及拼字和塡字等遊戲）：**人之所以停止學習、不再進步，不是因爲到達天生能力的極限，而是因爲某些原因不再練習，或者從未開始練習。**沒有證據顯示任何正常人會天生欠缺歌唱、數學或其他能力。

棋藝是靠練習，還是靠天分？

回憶一下小時候剛開始學習彈鋼琴、丟棒球或繪畫的情景。或者，也許可以想一想稍有進步時的感受——踢足球踢了六個月後開始有了頭緒，或者加入棋社一年後終於可以基本掌握棋賽，或者搞清楚加、減、乘法之後，老師開始教長除法。在這些情境中，朋友或同學有些表現突出，有些落後。每個人的學習速度總有明顯差異，有些人學樂器很快上手，有些人天生就是運動高手，也有人生來就對數字很在行等等。

這些在學習初期展現的差異，自然會讓人假設差異將持續下去，亦即一開始表現亮眼的人之後也會一帆風順。我們想像這些幸運兒因爲與生俱來的天賦而一路順遂、直上顚峰。像這樣順著對初期表現的觀察斷定之後的學習狀況，可說是人之常情。

這個觀念也是錯的。只要檢視從初學者到專家的整個歷程，便會對學習、精進及成爲佼佼者所需的付出有截然不同的認識。

西洋棋可說是最貼切的例子。一般人多認爲，高超的西洋棋棋藝和邏輯縝密及高智商密不可分，書中或電影中某個角色的特質如果是聰明絕頂，往往會被安排坐在棋盤前，運用機智向對手喊出「將軍」；有時這個天才角色甚至會偶然碰見一場進行中的棋賽，向棋盤瞄個一、兩秒，便指出致勝絕招。棋士往往是古怪又聰明的偵探，或是同樣古怪又幾乎同樣聰明的犯罪首腦，兩者並存就更精采了，這樣雙方就可以在棋盤前一較高下，同時言語交鋒。二〇一一年的電影《詭影遊戲》中，福爾摩斯和莫瑞提教授兩人後來乾脆把棋盤擱一旁，直接向對方喊出一步步棋，就像兩名拳擊手用佯攻和刺拳相互攻擊到一方倒地。然而就算情境不同，傳達的訊息卻不變：棋藝高超象徵少數幸運兒與生俱來的絕頂智力。反過來說，想下得一手好棋，就必須有顆金頭腦。

如果觀察剛開始學棋的孩子，確實可以發現智商較高的進步較快。不過，那只是故事的序幕，重點在結局。

多年來有許多研究檢視了智力和棋藝的關係。這方面的一些早期研究，是由智力測驗之父艾佛列．比奈於一八九〇年代進行的，他研究西洋棋棋士主要是想了解下盲棋需要什麼樣的記憶力。比奈爲了找出學業方面有困難的學生，發明了智力測驗，這個方法的確成功了，因爲智商和學業表現確實息息相關。不過比奈之後的許多研究人員認爲，智力測驗測量的是會影響各方面成功與否的整體能力，例如音樂和西洋棋，他們因此相信，智力測驗評量的是某種天生的整體智力。然而，有些研究人員不同意，認爲智商不應該被視爲天生智力，而只代表智力測驗測量的東西，例如罕見字相關知識及後天習得的數學技能。在此不深入探討這個爭論，我個人則認爲最好不要把智商和天生智力畫上等號，應該就事論事地將之視爲智力測驗測量出來的某種認知因素，可以用來預測某些事，例如學業表現。

一九七〇年代起，越來越多研究人員跟隨比奈的腳步，希望了解西洋棋棋士的思考方式，以及如何培養精湛的棋藝，其中最具啓發性的研究，是由三名英國學者於二〇〇六年進行的。他們決定不研究特級大師，而以一群下棋的學童爲對象（原因稍後會說明），從棋社招募了五十七名中小學生。這些小棋士的年齡約在九至十三歲間，之前平均下過四年棋，有些厲害到能在西洋棋巡迴賽中輕鬆擊敗一般成年人，有些則表現得差強人意。這五十七名中小學生中，有四十四位是男童。

這項研究的目的在了解智商是否會影響棋藝高低，又有何影響。其實不少心理學家之前也研究過這個問題，這三名英國學者發表的結果報告中就提到，這個問題長久以來未有定論，例如某項研究曾發現智商和棋藝有關，視覺空間能力也會影響棋藝，這兩者都不令人意外，因爲一般的看法就是下棋需要超出常人的智力，而視覺空間能力似乎也扮演重要角色，畢竟棋士在評估可能的走法時，必須能夠想像棋局和棋子的移動。不過這些研究是以年輕棋士爲對象，雖然發現他們的智商確實高於常人，卻無法清楚證明智商和棋士的能力有何關係。

相較之下，針對成人進行的研究多發現，成年棋士的視覺空間能力並未勝過一般不下棋的成人。研究也顯示，棋藝了得的成年棋士——甚至特級大師——和教育程度相當的其他成人比起來，智商未必都比較高。此外，棋藝高超棋士的智商和他的排名也沒有任何關連。總之，這些研究都證明了，在成年人之中，智力較高者未必西洋棋就下得較好。

圍棋的相關研究更出人意料。對弈的兩方分別執黑棋和白棋，輪流將棋子擺放在十九條橫線和十九條縱線組成的棋盤上，目標是將對方的棋子包圍後吃掉，最後占據棋盤較多空間的那一方就贏了。雖然只有一種棋子和一種走法，亦即將棋子擺在縱線和橫線的交叉點上，但圍棋其實比西洋棋更複雜，因爲可能發展出來的棋局更多，也遠比西洋棋更難開發出遊戲軟體。最厲害的西洋棋電腦遊戲總是能擊敗特級大師，但目前最強的電腦圍棋程式——至少到本書寫作的二〇一五年爲止——還是不敵頂尖圍棋棋士。

如果你對圍棋的假設還是類似西洋棋，認爲能成爲大師者必定有過人的智商或超強的視覺空間能力，那就錯了。近期幾項針對圍棋大師的研究都發現，他們的智商普通，甚至低於平均。兩項以韓國圍棋專家爲對象的研究發現，他們的智商平均爲九十三，對照組是年齡和性別相當卻不下圍棋的韓國人，而對照組的平均智商爲一百。雖然這兩項研究中，圍棋大師的智商與對照組的差異少到可能只是統計學上的問題，但圍棋大師在智力測驗上的平均表現，的確並不高於一般大衆。

以此爲背景，這三名英國學者希望在西洋棋棋士身上一探究竟。智力較高（也就是智力測驗分數較高）是否有助於發展棋藝？三人計畫將智力和練習時間都納入考量，之前的研究都僅針對其中一項進行。

三名英國學者希望盡可能了解這五十七位年輕棋士，除了智商和空間智力外，也從許多面向測量他們的智力，包括記憶力、語文智力及處理訊息的速度。他們調查了學童開始學棋的年齡、每天練習的時間長短，也請孩子們連續約六個月每天記錄練習狀況，包含每天練習的時間量。這項研究有個弱點，因爲所謂的練習多是和棋社的其他成員比賽，並非獨自練習，但研究並未區分兩者，不過還是能依據測量合理推測出每位學童在發展棋藝上付出多少努力。研究最後爲了評量孩子們的西洋棋技能，也提出西洋棋問題請他們解決，並讓他們很快地看一下進行中的棋賽，然後憑記憶重現棋局。其中有幾個孩子經常參加巡迴賽，其競賽的積分也納入研究考量。

學者在分析資料時發現的結果，與其他研究類似。孩童投注的**練習時間**對棋藝影響較大，練習得越多，棋藝各方面的評量結果越好。智力的影響較低，卻也存在，智力越高，棋下得越好。令人驚訝的倒是視覺空間能力不如記憶力和訊息處理速度來得重要。綜合以上結果，研究團隊於結論中表示，雖然天生的智力（或智商）有其影響，不過以這年齡層的孩童而言，致勝關鍵還是練習。

同一研究團隊就這群孩童中的「菁英」進一步研究之後，卻有大不相同的發現。這二十三位全爲男孩的「菁英」常常參加當地、全國，甚至一些國際競賽，平均積分爲一千六百零三分，最高和最低分別爲一千八百三十五和一千三百九十，換言之，這些孩子表現挺優秀的。西洋棋巡迴賽成人和孩童共計的總平均積分爲一千五百分，這表示菁英組中的多數人表現都在平均之上，就連其中表現最差的，也能輕易擊敗能力不錯的成人棋士。

從這二十三位菁英小棋士來看，**練習**仍是決定技能高下的主要因素，不過卻看不出智力有特別的影響。雖然菁英組的平均智商比全部五十七人的平均值高，但菁英組內智商較低孩童的表現，反而平均勝過組內智商較高的同儕。

在此暫停下來思考一下：以這些年輕的菁英棋士來看，高智商並未帶來優勢，反而表現較差。研究人員發現原因在於智商較低的菁英棋士往往練習量較大，因此技能也提升到強過高智商的菁英棋士。

這項研究花了不少篇幅解釋前人研究中相牴觸的部分。之前的研究發現，智商和年輕棋士的技能高低有關連，但在成年的巡迴賽棋士、大師和特級大師中並未發現影響。這個解釋之所以重要，是因爲不僅可見於棋藝，也適用於所有技能的發展。

孩童開始學習下棋時的智力——也就是在智力測驗中的表現——對學會下棋和達到某個基本水準的快慢的確有影響。智商較高的孩子通常能較輕鬆地學會規則並牢記在心，接著發展出策略加以運用，這些都使他們在學棋初期占了上風，運用抽象思考直接將棋子落在棋盤上。這種學習和在學校的課業表現差別不大，後者也正是比奈發展智力測驗的原始目標。

然而你我都知道，孩童（或成人）鑽研和學習棋藝時，會發展出一組一組的心智表徵，基本上就像有了心智捷徑一樣，能更牢記不同比賽情境下的各種棋局，面對不同狀況時也可以更快確認最佳做法。下起棋來能更迅速有力，應該就是因爲有了這些優越的心智表徵，看到某些棋子的布局也無須費心思考哪顆棋子是要害，哪顆又可能會對其他不利，反而只要辨認出某個模式，就能反射般地想出可能的最佳走法和箝制策略。不再需要運用短期記憶和分析技巧來想像自己走某步棋時對手會接著如何應對，也不用強記棋盤上各個棋子的位置，只要對當下的棋局有個整體概念，接著單純運用邏輯與心智表徵即可，無須再聚焦於棋盤上的一顆顆棋子。

棋士能透過充分的**獨自練習**，讓棋藝的心智表徵變得更爲實用、強大，這時能讓雙方棋士一分高下的，不再是視覺空間能力、記憶力、訊息處理速度等智力相關因素，而是雙方心智表徵的質與量，以及能否有效運用。由於當初這些心智表徵的發展就是爲了分析棋局和想出最佳策略，所以效果遠優於單憑記憶力、邏輯和分析棋盤上各個棋子之間的影響。因此，當棋士成爲特級大師，或甚至年僅十二歲就成了表現非凡的巡迴賽棋士，智力測驗中各項能力的重要性自然不及練習培養出的心智表徵。我相信這解釋了爲什麼針對頂尖棋士的研究並未發現智商和棋藝之間的特別關連。

剛開始學棋時，智力測驗評量的能力當然有所影響，智商越高的孩童在初期下得越好。不過，三名英國學者研究了參加西洋棋巡迴賽的孩童，發現其中智商較低的孩子更願意投入練習。雖然無法確認原因，但我們推測，所有菁英小棋士都一心致力於下棋，剛開始智商較高者在發展棋藝上似乎較爲輕鬆，其他人則得多加練習才能趕上，也從中培養了更勤奮練習的習慣，之後反而比智商較高的同儕棋藝更精湛。智商較高的孩童一開始沒有體驗過必須努力才能和他人並駕齊驅的壓力。以上種種帶來了一個重要啟示：**最後的勝利屬於更努力練習的人，而不屬於一開始靠智力或其他天賦占上風者。**

天生特質的實際作用

前述西洋棋研究的結果，對於發展各種技能時「天賦」和練習的相互關係提供了重要見解。天生有某些特質的人，例如這項西洋棋研究提到的智商，可能在一開始學習技能時占了優勢，而優勢隨著時間逐漸減弱，**練習的質量最終對技能高低的影響更大**。

研究人員也在眾多領域中發現同樣的現象。學習音樂初期就和學棋一樣，智商會影響表現。例如，有一項研究觀察了九十一位學習鋼琴六個月的五年級生，發現平均而言，智商較高的學生在上了六個月的課之後，表現優於智商較低的人。然而，智商和音樂能力之間的連動關係，隨著學習音樂的時間拉長逐漸減弱，在主修音樂的大學生和職業音樂家身上並未發現智商對技能的影響。

一項針對口腔手術技能的研究發現，牙醫系學生的表現和他們在視覺空間能力測驗中的表現有關，這方面測驗成績較高的學生，在齒顎模型上進行的模擬手術也較成功。然而，同樣的測驗搬到牙科住院醫師和牙外科醫師身上卻未發現類似的關連，代表隨著牙醫系學生逐漸精進技能，視覺空間能力對手術表現的初期影響也逐漸變小，等到這些學生成爲住院醫師時，視覺空間能力——也就是所謂的「天賦」——便不再有顯著影響。

在第二章提過的那些學習成爲倫敦計程車司機的人之中，完成課程拿到計程車駕駛執照的人和半途而廢的人，在智商上並無差異。智商並未影響他們能否學會在倫敦大街小巷穿梭。

科學家的平均智商絕對高於一般大衆的平均，不過單就科學家而言，並不會發現智商和科學成就有關連；事實上，有幾位諾貝爾獎得主的智商甚至並未高到能加入門薩組織，該組織規定成員的智商至少必須有一百三十二。二十世紀頂尖物理學家理查．費曼的智商是一百二十六，發現ＤＮＡ的學者之一詹姆士．華生的智商是一百二十四，因爲發明電晶體而獲頒諾貝爾物理學獎的威廉．蕭克利智商則爲一百二十五。雖然智力測驗測量的能力確實有助於學習科學，智商較高的學生在科學課的表現通常勝過智商較低的同儕，比奈也正是希望藉此測驗了解孩童的課業學習狀況，但專業科學家似乎不特別因爲智商較高而具有優勢。

一些學者認爲，許多領域其實都有基本能力門檻。例如，有人認爲某些領域的科學家必須有一百一十至一百二十的智商才可能成功，但智商越高並不代表有任何額外助益，而且我們也不清楚一百一十的智商之所以必要，是爲了工作職責所需或錄用門檻。許多科學領域都規定要有博士學位才可能獲得研究預算或進行研究，要成爲博士則必須在研究所就讀的四到六年間學術表現良好，同時具備高等寫作能力和大量字彙，而後面兩個條件正是語文智力測驗的內容。此外，多數博士學程對數學和邏輯思考能力都有要求，這也是智力測驗的一部分。大學畢業生申請研究所時必須接受研究所入學程度考試，測量以上能力，也只有成績良好的學生能被科學相關研究所錄取。從這個觀點來看，自然可以了解爲什麼科學家的智商通常都有一百一十、一百二十或更高：沒有達到這種成績的能力，一開始根本就很難踏入科學界。

我們也可以推測，或許運動、繪畫等方面也有基本的「天賦」門檻，程度不及要求的人，可能很難在這些領域有所發展。不過，除了運動方面的身高和體型等非常基本的身體特徵，目前並沒有實質證據可以說明這樣的門檻的確存在。

目前所知的重點是，觀察這些勤於練習並在自身專長上達到一定水準的人，會發現沒有證據顯示天生能力可以決定誰能成爲佼佼者。一旦躍上顛峰，會造成影響的並不是天賦，至少不是一般人眼中能讓人表現卓越的「天賦」。

這也解釋了爲什麼要預測誰能攀上顛峰如此困難。假如某個領域中最後誰會勝出是取決於某種天賦，要提早發掘未來的冠軍就簡單多了。比方說，如果頂尖職業美式足球員生來就有某種美式足球天賦，這種天賦到念大學時應該還明顯可見，那時他們至少累積了六年的打球經驗。但實際上，沒有人光靠觀察便能預測誰會成為頂尖球員，誰又可能是阿斗。路易斯安那州立大學的四分衛傑馬可士．羅素是二〇〇七年國家美式足球聯盟選秀狀元，表現卻令人大失所望，不到三年便退出球壇；相較之下，湯姆．布雷迪在二〇〇〇年的選秀中雖然第六輪才被選上，排在一百九十八名球員之後，卻反而成為史上數一數二的四分衛。

二〇一二年一項以網球選手為對象的研究檢視了初階網球選手的表現和排名（這些選手都努力朝職業選手的夢想邁進），並拿來和他們成為職業選手後的表現比較，結果毫無關係。若天賦真的能讓人成為頂尖的職業網球選手，那麼種種差異應該在他們還是初階選手時便得以察覺，事實卻非如此。

在此要傳達的重點是：從來沒人能識出誰有「天賦」，沒人發現有哪些基因能造就某個領域的頂尖表現，也從來沒有任何辦法能測試幼童中哪幾位會成為最厲害的運動員、最優秀的數學家、最頂尖的醫生或最出眾的音樂家。

其中原因很簡單，假如天生差異確實可能影響人的表現（不僅限於學習某項技能的初期），大概也不會直接影響相關技能，沒有什麼「音樂基因」「西洋棋基因」「數學基因」。我認為如果真有天生差異，大概也會透過充分的練習和努力反映在技能的發展上。例如，有些孩子天生就比較喜歡繪畫或音樂，可能因此比其他人更常畫圖或演奏音樂，若有上美術課或音樂課，也比較可能出於興趣而花更多時間練習。他們隨身攜帶素描本或吉他，日子久了在美術或音樂上的表現可能就會優於同儕。這並非因爲生來就有較強的音樂或美術能力，而是由於某種因素——也許是基因上的因素——鼓勵他們不斷練習，也因此培養出比同儕更優秀的能力。

針對稚齡孩童字彙發展的研究顯示，孩子的性情和把注意力放在父母身上的能力等因素都會影響他們可以建立的字彙量。多數孩童幼年時的字彙發展來自和父母或其他照顧者的互動，研究也顯示，性情上喜歡人際互動的孩子，語言能力發展較好。而同樣是九個月大的嬰孩，在父母念書或指著書中圖片時注意力較集中的，成長到五歲時的字彙量也遠超過注意力較低的同儕。

在此我們可以推測出幾項相關的天生差異，例如有些人也許生來就較能長時間集中注意力，而既然刻意練習需要的正是這種專注的能力，他們自然會得到比較好的練習效果，並從中受益更多。另外也可以想想人的大腦面對挑戰時的不同反應，練習因此對某些人可能更有效，影響了重組大腦結構和建立心智能力的狀況。

許多相關看法目前都僅屬臆測，可是既然明白了練習是決定人在某領域最終成就的最大關鍵，就算基因眞有其作用，功能也在於形塑人對刻意練習的投入程度或練習的成效高低。如此一來，看待天生差異的角度便全然不同。

相信天賦而導致的負面影響

本章已經討論過練習和天賦在頂尖專家的發展上扮演了何種角色，也提出雖然天生特質可能影響剛開始學習新技能時的表現，在同樣努力培養技能的人之中，誰可以脫穎而出，通常還是取決於訓練的程度和效果。原因在於儘管生來的差別可能會讓某些人在初期具有優勢，身體和大腦面對挑戰的天生適應力終究還是強過天生差異。因此我深信，相較於觀察個體間的天生差異，更重要的是了解某種可以帶來進步的練習方式如何運作，又爲何有效。

不過在此之所以大力強調練習比天生差異重要，是因爲要**避免自我應驗預言的負面作用**。

如果認爲天賦在人的成就上扮演重要、甚至關鍵角色，這種假設會讓人產生某些決定和行動。若是認爲欠缺某方面的天分就無法發展成專長，那麼可能就會鼓勵一開始表現毫不突出的孩子轉而嘗試別的事物——手腳笨拙的就不讓他參與運動，音老是唱不準的就會聽大人的建議放棄音樂改學別的，剛開始在數學上無法如魚得水的孩子便被貼上數學不好的標籤。然後，這些預測也不出人意料地一一成眞：聽大人說她運動不行的女孩在網球和足球上毫無進展，被說五音不全的男孩眞的從沒學會樂器或歌唱技巧，而被貼上數學不好的標籤後，孩子從小到大也就信以爲眞——種種預言都自我應驗了。

反之，如果孩子從老師、教練身上得到較多關注和讚美，父母也提供更多支持和鼓勵，其技能的發展當然遠超過大人叫他別再嘗試的孩子。如此一來，又是因爲自我應驗而讓大家都相信當初的預言果眞正確。

葛拉威爾在《異數》中提到一則故事，雖然該故事之前就流傳過了，但葛拉威爾的版本卻引起最多人注意：加拿大的職業冰上曲棍球員中，一到三月之間出生的人數遠超過十到十二月。誕生在這幾個月份是否眞有什麼奇蹟，讓這期間出生的嬰兒都比較有曲棍球天賦？當然沒有。事實是，加拿大在少年冰上曲棍球方面有年齡規定，必須在前一年的十二月三十一日之前到達某個年紀，這讓出生於每年前三個月的孩子在每一級球隊中都會是年紀最大的。孩子四、五歲開始打冰上曲棍球，年紀大就占了極大的優勢。幾乎比別人大了整整一歲的孩子通常較高壯、協調度較好，心智也較成熟，在磨練冰上曲棍球技能方面可能也多出一季的時間，也許因此在同年齡組中表現較佳。不過，這些年齡相關的身體差異會隨著球員長大慢慢縮小，成年之後幾乎毫無差別，可見年齡相關的優勢的確源自身體差異還存在的童年時期。

造成這種年齡效應最明顯的原因，可從教練談起。教練會從最低的年齡層開始網羅最優秀的球員，他們也搞不太清楚這麼多小小冰上曲棍球員的年齡各是幾歲，只以表現的好壞來判斷是否具備天賦。許多教練往往較常讚美那些較有「天分」的球員，更悉心指導且提供較多上場比賽的機會。這些球員不僅被教練視爲較具天分，其他同儕也這麼相信，而且因爲常聽到自己球技精進的可能性很大、甚至可能成爲職業球員，所以往往更勤於練習。以上因素綜合起來的結果很驚人，而且不只是冰上曲棍球才有這種現象。例如，有一項研究顯示，被列入最優秀名單的十三歲足球員中，超過百分之九十出生於一到六月。

冰上曲棍球員的年齡優勢似乎在進入職業聯盟後逐漸轉弱，可能是因爲年紀較小的球員之所以能堅持到這一步，是靠著更拚命的練習，球技最後勝過了年長半歲的球員。儘管如此，任何一個加拿大男孩如果想踏上冰上曲棍球之路，出生在一至三月的確能贏在起跑點。

如果西洋棋也有這種現象呢？假設有人以小小棋士的「天賦」作爲能否參加某項棋藝課的判定標準，教導年輕棋士三到六個月後，看看誰表現最亮眼——結果實屬意料之中，平均而言，智商較高的孩童在剛開始學棋時會學得較輕鬆，也比較可能被挑選爲進一步訓練栽培的對象，其他人則也許無法繼續上課，如此就會有一大群智商高於常人的棋士。但從實際狀況可見，許多特級大師的智商並不特別高；換句話說，在假設狀況下這些原本可以成爲偉大棋士的人就少了能有所貢獻的一席之地。

再來假設現在談的不是棋藝課，而是大部分學校都有教的數學。雖然沒有人針對數學進行過類似上述的棋藝研究，但我們暫時假設有同樣的情形，空間智力較佳的孩子比其他人更快進入基本內容。最近有研究顯示，學齡前孩童若有玩過需要計算步數的線性桌遊，讀小學之後的數學表現較好。此外，幼稚園的許多學習經驗也會對孩子日後的數學產生幫助，但多數教師往往沒考量到這些可能性，看到某些孩子面對數學比同儕「懂」得更快，多以爲這些孩子具有其他人欠缺的天賦。這些「天資聰穎」的孩童得到更多鼓勵和訓練，過了一年後，數學也大大強過其他同學，帶著這樣的優勢繼續完成學業。由於工程或物理等不少職業都需要在大學修過數學課程，因此，被認爲沒有數學天分的學生就不會把這些領域當作未來出路的選項。可是，學習數學若和精進棋藝狀況相同，等於我們也**錯失了許多本來可能在相關領域有傑出表現的人才**，原因竟都在於他們一開始就被貼上「數學不好」的標籤。

這就是相信天賦導致的負面影響，可能造成輕易假設某些人有特定專才，某些人則沒有，自以爲一開始便能分辨其差異。相信天賦等於在鼓勵、支持「有天賦」的人，同時替其他人貼上標籤，進而產生自我應驗預言。想要將時間、金錢、指導、鼓勵和支持投注在勝算最大的一方，同時讓孩子免受失望之苦，這都是人性，多半並非出於惡意，卻可能造成極大的損害。想避免這種情況，最好的辦法就是認出每個人身上的潛能，並努力找到合適的發展方法。

第9章

用刻意練習打造全新的世界

我們能給孩子最珍貴的禮物，就是讓他們相信個人有能力多次形塑自己，並就此將必要的工具傳授下去。孩子們要能親身體驗原來自己可以培養出之前認為遙不可及的能力，而且全憑自己掌控，並非取決於舊時代相信的天賦。

試想：一群選修大一物理學傳統課程的學生有機會在一週內一探未來學習物理的方式。雖然是在長達兩學期的課程尾聲教了部分有關電磁波的課程，但結果十分驚人，被以符合刻意練習原則的方式授課的學生，學習量是接受傳統教法的學生兩倍多，以某衡量方式來看，甚至是效果最強的教育介入。

這個例子出自英屬哥倫比亞大學的三位學者：路易斯．戴勞理爾、艾倫．薛羅，以及卡爾．威曼。威曼曾於二〇〇一年獲頒諾貝爾物理學獎，人生的第二事業是致力於改善大學部的科學教育。他運用部分諾貝爾獎的獎金於二〇〇二年在科羅拉多大學展開物理學教育科技計畫，之後也在英屬哥倫比亞大學創立卡爾威曼科學教育計畫，因爲他深信在教導科學上，應該有比坐在教室聽課五十分鐘的傳統教學法更理想的方式，便決定和兩位同事在大一物理課的傳統教學框架下驗證自己的理念。

運用刻意練習原則革新教學方法

英屬哥倫比亞大學的這門課將八百五十名學生劃分爲三組。這堂扎實的物理學課程針對的是一年級主修工程的學生，以微積分的角度切入物理學，學生必須學會解決涵蓋了大量數學的問題。授課教授群的教學技巧都備受推崇，也有多年教導本課程的經驗，學生評鑑也都非常正面。教學方法都相當標準：每回運用電腦簡報上課五十分鐘，每週三次的課程在大型演講廳進行，除了每週有作業之外，還有個人指導時段讓學生能在助教面前解題。

這三名學者選擇各約兩百七十名學生的兩個組進行實驗，在第二學期的第十二週，其中一組繼續照往常方式上課，另一組則以截然不同的方式學習電磁波。兩組學生的狀態十分相似：截至當時的兩次期中考平均分數完全相同；第十一週接受過測試物理知識的兩項標準化測驗，班級平均分數一模一樣；第十和十一週的出席率完全相同；第十和十一週的參與程度也毫無差異。簡單來說，目前爲止兩組人的課堂表現和物理學習成效根本完全相同，不過接下來，情況就有所轉變了。

第十二週上課時，一組的教學方式維持不變，另一組的教師則換成威曼的兩名同事——戴勞理爾和薛羅。他們兩位分別擔任主要指導者和助教的角色，但之前完全沒有帶班的經驗。戴勞理爾是博士後學生，之前接受過一些有效教學法的訓練，在卡爾威曼科學教育計畫工作時也特別研究了物理學教學；薛羅則是曾經參與物理學教育研討課程的物理學研究生。兩人雖然都擔任過助教，不過合計起來的教學經驗遠不及在實驗中維持一貫教學方式的教師。

戴勞理爾和薛羅有的是威曼和其他人運用刻意練習原則發展出來的物理學新教學

法，實驗當週，他們那組的課程就以和傳統教學迥異的方式進行。學生在上課前必須完成三、四頁長的指定閱讀，然後針對所讀的內容上網完成簡短的是非題測驗，爲的是讓學生在上課前就熟悉接下來將傳授的概念（不過傳統教學法那組也有請學生在實驗那一週之前預習，是傳統教學組唯一的新做法）。

刻意練習組的教學目標並非灌輸學生知識，而是要讓他們練習物理學家的思考方式。因此，戴勞理爾會先將學生分成幾個小組，並提出一個「提點問題」，請學生直接用手機、電腦等將答案傳送給老師，老師也會挑選特別的問題，激勵學生在課堂上多思考這些一般大一物理學學生會覺得困難的概念。學生在組內討論後傳送答案，戴勞理爾接著會針對各組的結論進行討論，回答學生的疑問。學生經由討論思考種種概念，試著融會貫通，而討論也常常超過原本提點問題的範圍。課堂上會討論幾個提點問題，有時戴勞理爾也會在提供學生一些思考要點後，請各組再次討論相同的問題；如果學生似乎難以理解某個概念，他也會簡短地講課。每堂課還包含了「主動學習任務」，各組學生都要思考一個問題，寫下答案後繳交，戴勞理爾接著會再次回答問題，並糾正錯誤的概念。薛羅則會在課堂上遊走於各組之間，回答問題、聆聽討論，了解問題所在。

相較於傳統教學組，刻意練習組的學生更主動參與課程，而威曼計畫中採用的參與度評量也證實了這一點。雖然兩組學生的參與程度在第十和十一週並無差別，第十二週時，戴勞理爾那組的課堂參與度幾乎是傳統教學組的兩倍。參與度還只是其中一點，戴勞理爾那組的學生在許多概念上都獲得**立即的意見回饋**，學生和老師一同努力釐清不懂的概念。提點問題和主動學習任務的用意便是要讓學生採用物理學家的思考模式，先按部就班地了解問題，接著找出適用的概念，進而從中琢磨出答案（傳統教學組的老師在授課前曾觀察戴勞理爾的班級，決定也在班上提出那些提點問題，不過並未就此討論，而只是讓全班知道答對問題的人數）。

第十二週結束時，兩組學生都接受了選擇題的提點測驗，以了解學習成效。戴勞理爾和傳統教學組的老師一同出題，題目十分標準，其中大部分是另一所大學物理課採用的提點問題，部分經過微調。

以滿分一百分來看，傳統教學組學生的平均成績爲四十一分，戴勞理爾的班級則是七十四分，兩組的表現差異極大。不過若考量猜題也可能有二十三分，調整評估後發現，傳統教學組的學生平均只正確答出百分之二十四的問題，上課方式依循刻意練習原則的班級則平均答對百分之六十六，等於刻意練習組學生答對的問題是另一組的二·七五倍。

刻意練習的前景

威曼的實驗結果非常振奮人心，意味著若能調整傳統教學方法，導入刻意練習的精髓，就可能大幅提升許多領域的教學效果。那麼，該從何著手？

可以從世界級運動員、音樂家和其他頂尖專家的培養開始。我一直希望自己爲了解刻意練習而進行的研究，有朝一日能幫助到這些專家和他們的教練，畢竟這個族群不僅對精進表現應該興趣濃厚，我的研究也從他們身上受益許多，而且我也深信，頂尖專家和未來明日之星的訓練都還有進步空間。

舉例來說，我和職業運動員及他們的教練談話時總是深感意外，因爲許多人根本沒有花時間思考要改善哪部分的技能，或是針對要加強的重點設計訓練方式。運動員接受的訓練往往以團體方式進行，不特別針對個人需求量身訂做，團隊運動尤其如此。

此外，幾乎沒有人曾學習傑出運動員使用的心智表徵。要解決這一點，理想的做法是請運動員口述自己在運動時的思維，如此一來，研究人員、教練，甚至運動員本身可以更方便地設計練習，以改善各種比賽狀況下的心智表徵，如同第三章描述過的方式。當然也有些頂尖運動員能靠自己發展出高效的表徵，不過多數傑出運動員甚至從沒意識到，自己和略遜一籌的運動員在思考過程上有何不同；反之可能更是如此——表現較差的運動員往往不明白自己的心智表徵究竟比同領域的頂尖運動員弱了多少。

我過去幾年曾和許多運動項目的教練談過，而多數教練對如何運用刻意練習提升運動員的表現，都深感興趣。但我認為，刻意練習可能帶來的最大效益其實並不在此。在眾多高度專精又競爭激烈的領域中可見的頂尖人士，例如職業運動員、世界級音樂家、西洋棋特級大師等，在全世界人口中所占的比例微乎其微，雖然這些頂尖專家的表現總是引起注目且令人著迷，但這些人就算在他們的專業上有些許進步，對全世界的影響也相當小。以刻意練習的理想來看，還有其他許多領域的訓練狀況極差，而當中的人若得到幫助，便能有長足的進步。

其中一個領域就是教育。教育和每個人都有關，而刻意練習能以許多方式改革現今的學習方法。

首先是教學方法。怎麼做才能協助學生產生最佳學習效果？刻意練習可以解答這個問題。

仔細看看英屬哥倫比亞大學物理課的例子。相較於傳統教學法，刻意練習的原則如何提升了學生的學習速度和效果？威曼和兩位同事設計課程時，首先就與傳統教學法的老師討論，好了解這部分課程結束後學生應有的能力。

第五章談過，刻意練習法和傳統學習法最大的不同，在於前者強調技能（你能做到什麼），後者著重知識（你知道些什麼）。刻意練習談的就是技能，知識不應該成爲目標，但學生卻能在運用刻意練習的過程中獲得許多知識。

如果教導學生事實、概念和規則，這些東西會以各自獨立的片段轉爲長期記憶，當學生需要運用這些資訊解決問題、推理答案、組織分析出某個主題或假設，就會受到注意力和短期記憶的限制，一邊得運用尚未串連貫通的不同資訊尋求解答，一邊還得將資訊牢記在心。不過，在針對某項技能建立心智表徵時若能融入這些資訊，一則則獨立的資訊就成了相互關連的環節之一，爲資訊建構起背景和意義，也因此更能爲人善用。第三章提過，心智表徵的建立不能靠思考，而是靠親身嘗試、失敗、修正，然後再試一次，如此反覆循環，最後不僅能爲想要加強的技能發展出有效的心智表徵，也吸收了與技能相關的大量資訊。

老師在準備教案時，決定學生應該具備哪些能力，遠比決定應該具備哪些知識有效，因爲學生在培養能力的過程中自然會獲得知識。

威曼和兩位同事列出學生應該要有的能力後，便將清單化爲一**系列具體的學習目標**，這也是標準的刻意練習做法：教導某項技能時，先將課程分解爲一連串步驟，讓學生按部就班學好，一步步抵達最終目標。這雖然和傳統教學中的鷹架理論很類似，最大的差別在於刻意練習著重了解過程中所需的各個心智表徵，確認學生在踏出新的一步前已經妥善發展出心智表徵。這應該也是上一章提到的跳躍數學會成功的主因：該課程用心勾勒出某項數學技能所需的心智表徵，然後以有助於學生建立表徵的方式教學。

一般而言，幾乎所有領域的教育中最爲實用的學習目標，都是在協助學生發展有效的心智表徵。以物理學爲例，教導學生如何解開某個方程式、什麼情況下要運用什麼方程式等做法雖然可行，卻並非物理學家該具備的關鍵能力。曾經有研究比較了物理學家和物理系學生的不同，發現雖然學生在解決「定量問題」的表現有時與專家相當，也就是能套用合適的方程式解開涉及數字的問題，但解決「定性問題」的能力則大不如物理學家，因爲這些問題牽涉的不是數字，而是概念，例如爲什麼夏天天氣熱、冬天天氣冷，回答這類問題較不需要數字能力，而得清楚形成某件事或某過程背後的概念，等於需要完善的心智表徵。

雖然早在小學的科學課就學過季節爲何會交替，但除了科學老師外，一般人大多無法正確解釋其原理。科學教育幾乎沒有提供學生最基本的心智表徵來清楚思考物理現象，只是一味教學生將數字導入方程式之中。

威曼和同事爲了讓修習物理課的學生發展出這種心智表徵，設計了一系列提點問題和學習任務，幫助他們達到之前老師訂定的學習目標。各個提點問題和任務的挑選標準是要能開啓討論，藉此鼓勵學生了解、應用正在學習的概念，進而運用這些概念回答問題和完成任務。

設計這些問題和任務的另一個目的，是要激勵學生**踏出舒適圈**，因爲回答這些問題可能會讓學生傷透腦筋，但同時又不能讓他們過於遠離舒適圈，以致不知從何著手。威曼和同事請了兩、三位也選修這項課程的學生擔任志願者，事前針對提點問題和學習任務進行測試，請學生就問題和任務說出推理答案的過程。威曼三人根據學生們說出的思考過程調整問題和任務，特別避開可能造成誤解的部分，以及對學生而言過於困難的問題，之後再與另一名學生志願者進行第二輪測試，進一步琢磨問題和學習任務。

最後，他們讓全班學生都有機會一再接觸許多概念，透過**意見回饋**點出學生的錯誤，並指導如何改正。有些意見回饋出自討論小組中的其他同學，有些則出自老師，重點在於學生犯錯時能獲得**即時的回應和改正建議**。

英屬哥倫比亞大學的這項物理課教學實驗，替如何運用刻意練習原則調整教學方法提供了一張路線圖：先確認學生應該學會的能力，目標在於技能，而非知識。找出學生學習某項技能應該使用的方式之後，了解專家的做法，尤其重要的是必須盡可能弄清楚專家運用的**心智表徵**。然後，**將技能分解成幾個步驟**，每個步驟都應該讓學生離開舒適圈，但又不至於遙不可及。接著開始充分反覆練習和提供意見回饋，也就是嘗試、失敗、意見回饋、再次嘗試，如此一再循環，學生便會在過程中建立起自己的心智表徵。

威曼在英屬哥倫比亞大學物理課的教學上成功運用了以刻意練習爲基礎的方法，之後許多教授也跟進效法。《科學》雜誌的一篇文章指出，這項實驗進行之後的幾年內，該校開過近一百堂運用刻意練習法教學的科學和數學課，修課的學生總計超過三萬名。考量到數學和科學科系的教授通常很不願意改變自己的教學方法，這樣的數字代表威曼的實驗極具說服力。

運用刻意練習原則重新設計教學方法，能大幅提升學生的學習速度和效果，威曼實驗中的學生就是這種驚人改變的最佳實例。要做到這一點，不只需要教師改變心態，同時也要能更深入專家的心智。目前我們剛開始了解專家使用的各種心智表徵，以及如何透過刻意練習來發展表徵，努力的空間還非常大。

除了讓教學方法變得更有效之外，刻意練習還能以其他較間接的方式應用在教育上。我認爲協助孩子，尤其是青少年，在至少一個領域中建立精細的心智表徵，創造出來的價值可說珍貴無比。現行的教育體制並不以此爲目標，通常發展出心智表徵的學生多是因爲在學校之外培養某項技能，例如某項運動或樂器演奏。然而，就連這些學生也不太清楚自己如何進行這項活動，或是不明白他們的心智表徵其實是各個領域都會有的重要現象。

無論是不是年輕學生，其實人人都能因爲建立了某項技能的心智表徵，得以靠自

己開始探索這項技能。以音樂而言，主修音樂的學生如果針對樂曲建立了清楚的表徵，理解樂曲中不同的段落如何巧妙結合爲一體，明白演奏方式對音色的影響，便能自己演奏，或是演奏給他人聽，從演奏中調整和嘗試，而不再得仰賴老師處處指點，可以探索出自己的路。

學術研究的情形也差不多。學生發展出心智表徵後，便能自己進行科學實驗或撰寫書籍。研究就證實了，許多成功的科學家或作家便是如此從年紀輕輕時就開始發展專業。協助學生培養某領域技能和心智表徵的最佳方法，便是**提供可以模仿和學習的範例**，正如富蘭克林藉由仿作《旁觀者》的文章來加強寫作能力。試誤雖然是必經之路，但眼前也必須有成功範例可以參考。

讓學生建立某領域的心智表徵，可以幫助他們了解，出了自身領域若也想在其他領域如法炮製，有哪些成功必要因素。多數人，甚至成年人，在任何專長上達到的水準都還未能讓他們了解到，心智表徵能確實讓人像頂尖專家一樣針對技能加以計畫、執行和評量。因此，多數人也從不知道達到專家水準須付出的不僅是時間，更重要的是**高品質的練習**。一旦了解如何在某領域有傑出表現，至少也明白了適用於其他領域的通則。正因如此，不同領域的頂尖人士多會英雄惜英雄，物理學家大致可以了解頂尖小提琴家一路走來的心路歷程，芭蕾名伶也明白要成爲傑出畫家得付出多少心力。

學校應該讓所有學生在某個領域都有這樣的體驗，如此學生才知道哪些目標可行，以及當中的成功要素。

打造全新世界的工具

我曾在本書前言中提到，刻意練習會顛覆大家對人類潛能的看法，這點並未誇大。各個領域的優秀人士並非因爲與生俱來的天賦才有此成就，而是靠多年的練習培養出技能，並善用人類身體和大腦的適應力。了解這一點之後，你的想法便會開始轉變。

不過光是了解並不夠，還得要有駕馭適應力和掌控自身潛能的工具。撰寫這本書的目的，就是希望能發揚「刻意練習」這項工具，但還有其他必備的工具待發展。面對大多數領域，我們仍不知道該領域專家出類拔萃的根本原因，對他們的心智表徵了解不多，必須釐清專家一生中的種種影響因素，才能爲有意發展同樣專長的人提供方向。

然而，就算還沒拼湊出整體路線圖，旅途還是可以有好的開始。稍早提到我們應該幫助學生至少在某一領域發展專長，建立有效的心智表徵，好讓他們了解專長發展的要素，明白人人都辦得到。第六章也談過，透過刻意練習發展技能，使人更有動力繼續精進，因爲習得某項技能會帶來正面回饋。如果學生能體驗到個人的確有能力發展某項自己追求的技能，就算一路上並不輕鬆，獲得的成果卻絕對值得，那麼，他們在往後的日子裡更可能運用刻意練習培養各種技能。

隨著時間演進，我們會更清楚眾多領域中專家能力的組成要素，新一代的學生也將準備好善用這些發現，創造出一個新世界。在這個世界裡，多數人都了解刻意練習，並能藉此豐富自己和下一代的生活。

那會是個怎麼樣的世界呢？第一個可能就是眾多領域的專家人數會大幅超越今日。這點對社會影響深遠。想像一下，醫生、教師、工程師、飛行員、電腦工程師和其他許多專業人士，精進技能的方法就如同今日的小提琴家、棋士和芭蕾舞者。再想像一下，這些領域中有百分之五十的人能將技能琢磨到今日前百分之五的人才有的水準，這對醫療、教育和科技會有多了不起的影響！

個人也能大大從中受益，目前這方面的著墨雖不多，其實頂尖專家在精進技能時會得到極大的滿足和喜悅，也會因爲促使自己發展出新技能，而有極高的個人成就感。新技能若將所屬領域推向極致，正面感受更是難以言喻。這些專家就像踏上了刺激不斷的旅程，之所以永遠不無聊，是因爲總有新的挑戰和契機。音樂家、舞者、體操選手等涉及表演的專家則表示，自己因爲在大眾面前一展長才而深感快樂，一切順利時會體驗某種輕鬆感。從許多方面來看，類似米哈里．契克森米哈賴口中廣爲人知的「心流」，將這些專家帶到一般人難以體會的珍貴「高點」。

我人生中自認最精采的一段時光，是和赫伯．賽門合作後他獲頒諾貝爾獎。當時團隊中的每個人都因爲能替所屬科學領域打前鋒而深感幸運，我想印象派畫家在藝術界掀起革命時，應該也是如此興奮吧。

就算未能在某個領域有創紀錄的影響，單是成功掌握人生並精進能力，也能帶來快樂。刻意練習若能成爲生活中的一部分，人們的意志力和滿足感都會提升。

我認爲人類最大的特點是能夠自我精進，我們和其他動物不同之處，就是能有意識地依照個人意願自我改變和提升。正是這一點讓我們和現今、甚至從古至今的其他物種有所差異。

對人類特質的一般觀念，可見於我們給自己的名稱：「智人」（Homo sapiens）。人類的老祖宗包括因爲能直立行走而被稱爲「直立人」（Homo erectus）的猿人，以及曾被認爲是人類首次製造石器來使用的「巧人」（Homo habilis）。我們之所以稱自己爲「智人」，是因爲自認具備祖先缺乏的大量知識，但考量到現代人透過練習形塑、掌控自己的生活，也許自稱「練習人」（Homo exercens）更爲貼切。

現在也許是這個新概念出現的絕佳時機。拜科技所賜，這個世界轉變得越來越快，兩百年前若學會一項技能或專業，大概就能放心運用所學一輩子。我這一輩的人想法也差不多：拿學位、找工作，然後等退休。不過事情在我這一代就開始轉變了，許多四十年前存在的工作已經消失，或是經歷蛻變後大不相同。現在踏入職場的人得有心理準備，在退休前可能會換兩、三次工作。至於新生代的孩子會面臨怎樣的狀況無人能知，但轉變速度應該不會慢下來。

整個社會又該如何因應？未來的人大多必須持續學習新技能，訓練學生和成人如何高效學習便是關鍵。科技革命也爲提升教學效率提供了更多機會，例如也許可以將醫生、運動員、教師等人的實際經驗錄影下來，建立圖書館和學習中心，供學生接受擬眞訓練，避免邊做邊學可能對病患、學生和客戶造成的風險。

事不宜遲，針對已經就業的成年人，我們可以發展出更好的訓練方法，以刻意練習的原則爲基礎，目標則是建立效能更高的心智表徵。如此不僅有助於改善目前工作上用到的技能，還能因此培養新工作需要的技能。此外，我們還要傳遞這個訊息：**你可以掌握自己的潛能**。

不過眞正受益匪淺的是下一代。我們能給孩子最珍貴的禮物，就是讓他們相信個人有能力多次形塑自己，並就此將必要的工具傳授下去。孩子們要能親身體驗原來自己可以培養出之前認爲遙不可及的能力，而且全憑自己掌控，並非取決於舊時代相信的天賦，而我們也應該順應孩子的不同需求，提供知識和支援。

現今世界日新月異的科技時時刻刻都在改變你我工作、休閒和生活的情境，要跟上腳步唯一的方法，便是讓整個社會了解每個人的發展都在自己的掌握之中，也要讓人人明白如何實踐。「練習人」的新時代就誕生於刻意練習在過去和未來帶給我們的啟發，以及人類形塑未來的能力。

國家圖書館出版品預行編目資料

刻意練習：原創者全面解析，比天賦更關鍵的學習法／安德斯・艾瑞克森（Anders Ericsson）、羅伯特・普爾（Robert Pool）著；陳繪茹譯. -- 初版. -- 臺北市：方智，2017.06
320 面；14.8×20.8公分 --（生涯智庫；151）
譯自：Peak: Secrets from the New Science of Expertise
ISBN 978-986-175-460-4（平裝）
1. 學習方法
521.1　　106005676

Eurasian Publishing Group
圓神出版事業機構
用心與你對話．視野無限寬廣
方智出版社
Fine Press

www.booklife.com.tw　　reader@mail.eurasian.com.tw

生涯智庫 151

刻意練習：原創者全面解析，比天賦更關鍵的學習法

作　　者／安德斯・艾瑞克森（Anders Ericsson）、羅伯特・普爾（Robert Pool）
譯　　者／陳繪茹
發 行 人／簡志忠
出 版 者／方智出版社股份有限公司
地　　址／台北市南京東路四段50號6樓之1
電　　話／（02）2579-6600・2579-8800・2570-3939
傳　　真／（02）2579-0338・2577-3220・2570-3636
總 編 輯／陳秋月
資深主編／賴良珠
責任編輯／黃淑雲
校　　對／黃淑雲・賴良珠
美術編輯／林韋伶
行銷企畫／陳姵蒨・陳禹伶
印務統籌／劉鳳剛・高榮祥
監　　印／高榮祥
排　　版／莊寶鈴
經 銷 商／叩應股份有限公司
郵撥帳號／18707239
法律顧問／圓神出版事業機構法律顧問　蕭雄淋律師
印　　刷／祥峯印刷廠

2017年6月　初版
2024年8月　132刷

定價 320 元　　ISBN 978-986-175-460-4

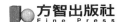